북핵 해법

30개 현안으로 묻고 답하다!
북핵 해법

백장현 지음

가톨릭동북아평화연구소

머리말

북핵 너머 세상을 꿈꾸며

대한민국의 국력 신장이 눈부시다. 지난 6월 유엔무역개발회의(UNCTAD)는 만장일치로 우리나라를 개발도상국에서 선진국으로 격상했다. 이는 1996년 12월 경제협력기구 가입에 이어 국제사회가 선진국 진입을 공식적으로 인정한 사상 최초의 사례이다. 대한민국은 일제강점기에서 해방된 지 불과 70여 년 만에 경제력 세계 10위, 종합 군사력 세계 6위에 올랐다. 또한 1인당 국민소득도 3만 2000달러로 G7 국가인 이탈리아를 추월했다.

대한민국은 국제무대에서 우리 스스로 생각하는 것보다 훨씬 높은 평가를 받고 있다. 전 세계가 경제와 민주주의, 문화예술을 비롯해 많은 분야에서 우리나라가 보여 준 역량과 성취에 놀라워하고 있다. 특히 코로나19 팬데믹 사태를 맞아 우리나라는 K-방역으로 봉쇄 조치 없이 위기를 극복하는 모습에 세계가 주목했다. 국경 봉쇄 등 여러 가지 대책을 강구하며 감염 확산을 막기 위해 안간힘을 쓰지만 대규모 확진자 발생으로 의료 체계가 붕괴된 주요 선진국 상황과 대비되며 부러움을 사고 있다.

이처럼 우리나라의 놀라운 성취에 가슴 뿌듯하면서도 한편으로는 뭔가 얹힌 듯 답답한 건 무엇 때문일까? 아마 풀지 못한 큰 숙제를 안고 있기 때문일 것이다. 북한에서 식량난으로 아사자가 발생한다는 소식이 들린다. 북쪽에 있는 가족의 사정이 어렵다며 힘들게 번 돈을 50% 수수료를 떼고 송금했다는 탈북민 얘기가 가슴 저린다. 분단은 우리 민족의 삶을 멍에처럼 짓누른다. 성장과 번영을 가로막고 있을 뿐만 아니라 평화를 위협하고 있다.

2000년 이후 남북 간 교류와 협력으로 분단을 극복하려는 숱한 노력들이 북핵 사태를 맞아 무산되었다. 북핵 문제로 인해 한반도 평화 정착, 남북 관계 개선과 교류 협력의 발목이 잡혀 있다. 북핵 문제의 뿌리는 남북 간 적대와 군비경쟁, 북미 간 적대 관계, 한·미·일 대 북·중·러의 대치이다.

따라서 북핵 문제를 해결하기 위해서는 그 뿌리를 찾아야 한다. 겉에 드러난 현상을 쫓아다닌다고 해결될 일이 아니다. 2005년 6자회담의 합의문인 '9·19 공동성명'과 2018년 싱가포르 북미정상회담의 합의문도 북핵 문제의 뿌리를 다루고 있다.

북핵 너머의 세상은 눈부시다. 북핵 문제를 풀면 한반도 평화 체제 구축으로 이어져 분단 체제의 뿌리를 도려낼 수 있다. 또한 동북아 안보질서를 협력적 구도로 변화시킬 실마리가 생긴다. 분단의 멍에를 벗어던질 절호의 기회다.

북핵 문제는 시간이 흐르며 복잡하게 뒤엉켜 해결책을 찾기 힘든 상황이다. 당사자 모두 피로감과 좌절감에 쌓여 있다. 이 책은 북핵 문제의 해법을 찾기 위한 시도이다. 해법을 찾으려면 문제의 본질을 이해해야 하고, 난마처럼 얽힌 사안의 본질을 이해하기 위해서는 기본 상식에서 출발해야 한다. 따라서 일반 상식에 기반한 주요 현안 30개를 크게 4장으로 나누어 묻고 답하며 해결책을 모색하고자 했다.

먼저 1장에서는 북핵 문제의 뿌리와 본질인 북한의 핵 개발 원인과 현황, 북핵 문제가 국제적 이슈로 부각된 배경을 다룬다. 아울러 북한이 향후 국제사회에서 핵보유국으로 인정받을 가능성 등에 대해 살펴본다.

2장 북핵 문제 해법에서는 북핵 문제가 불거진 후 국제사회는 해결을 위해 많은 노력을 기울였다. 무력으로 북한 핵 시설을 제거하는 방안, 봉쇄와 제재로 북한이 스스로 손들게 하는 방안, 대화와 협상에 의한 맞교환 방식의 북핵 폐기 방안 등 해결책이 무엇인지 알아본다. 또한 북미 협상 현황과 북한의 비핵화 의지와 내부 상황, 미국 입장과 한국의 역할은 무엇인지, 북미 협상을 못마땅하게 여기는 군산복합체, 일본의 극우 정치 세력, 한국의 보수 세력 등을 살펴본다.

3장 한반도 평화 체제에서는 한반도 평화 체제와 연결된 북핵 문제를 파헤친다. 대화와 협상으로 문제를 풀기 위해서는 한반도 평화 체제 구축과 북핵 폐기를 맞교환해야 하기 때문이다.

'9·19 공동성명'의 핵심 내용이 북핵 폐기와 한반도 평화 체제 구축의 동시 추진이다. 싱가포르 북미정상회담 합의문도 한반도 평화 체제 구축과 북한 비핵화가 병렬로 서술되어 있다. 한반도 평화 체제는 평화협정, 북미 관계 정상화, 그 중간 조치로 종전 선언, 동북아 협력안보 체제 구축 등으로 구성된다. 각 사안마다 내용이 복잡하기에 하나하나 상세히 살펴본다.

4장은 우리 정부의 통일외교 전략에 대한 내용이다. 목마른 사람이 우물을 파는 것처럼 북핵 문제는 한국이 적극적으로 나서지 않으면 해결될 수 없다. 우리 외교는 북핵 문제를 해결하고 통일과 번영으로 가겠다는 목표에 집중해야 한다. 먼저 한국 외교의 중심축인 한미 동맹과 남북 관계, 통일방법론, 남남 갈등을 살펴보고 우리 외교가 나아가야 할 균형외교에 대해 알아본다.

이 책이 나오기까지 여러분의 도움이 있었다. 가톨릭동북아평화연구소 소장인 강주석 신부님의 격려와 조언이 큰 힘이 되었다. 그리고 편집과 사진자료 정리에 애써 준 가톨릭 의정부교구 민화위 김영희 국장, 장은희 간사에게도 감사의 말을 전한다.

필자의 임진강변 작업실에서 보이는 개성 송악산이 손에 잡힐 듯하다. 하루빨리 북핵 문제가 풀려 지척에 있는 송악산에 오를 날만을 희망한다. 무엇보다 분단의 최대 피해자인 이산가족들이 꿈에 그리던 가족을 만나 가슴 속 한을 풀 수 있기를 간절히 소망한다.

2021년 가을
백장현

| 차례 |

머리말 북핵 너머 세상을 꿈꾸며 5

1장 북핵 문제의 본질

01 북한은 왜 핵무기를 개발하는 걸까?
핵무기 위력은 어느 정도일까? **19**
북한의 '억지력 확보를 위한 핵 개발' 주장 근거 있는가? **21**
북한 내부적 요인은 무엇일까? **25**
남북한 군비경쟁이 북한 핵무기 개발에 영향을 미쳤는가? **27**

02 북한의 핵무기, 왜 문제인가?
국제사회의 핵무기 정책은 왜 나라마다 차별적일까? **29**
북한 핵 개발, 얼마나 진행되었을까? **33**

03 북한은 핵보유국으로 인정받을까?
북한이 핵보유국으로 인정받는다면 어떻게 될까? **37**
핵무기 보유, 민족의 생존과 번영에 도움이 될까? **39**
북한에 대한 경제 제재 어느 정도 혹독한가? **41**

2장 북핵 문제 해법

04 군사적으로 북핵 문제 해결할 수 있을까?
군사적 선제공격은 현실 가능한 카드일까? **47**

05 압박과 제재로 북한이 핵 포기할까?
　　북한을 봉쇄하고 압박하는 방안 실효성 있을까? **51**
　　미국의 전술핵 재배치나 한국의 독자적 핵 개발은 어떨까? **55**

06 협상을 통한 북핵 문제 해결은 가능할까?
　　협상과 대화는 유일한 해결책인가? **57**
　　외교는 왜 성과를 내지 못했는가? **59**

07 북미 양자 협상, 북핵 문제 풀까?
　　북미 협상에서 합의된 것은 무엇인가? **65**
　　하노이 북미 정상회담은 왜 실패했는가? **68**
　　북미 협상의 어려움은 무엇일까? **71**

08 북한은 비핵화 의지가 있는가?
　　'선대의 비핵화 유훈'은 무엇일까? **74**
　　북한의 비핵화 의지를 믿을 수 있을까? **76**

09 김정은 속생각은 무엇일까?
　　김정은 리더십은 어떤 특징이 있을까? **79**
　　김정은, 북핵 문제 해결할 의지가 있을까? **83**
　　조선노동당 제8차 대회에서 김정은 메시지는 무엇인가? **85**

10 북한 경제는 자력갱생할 수 있을까?
　　북한 경제, 현재 어떤 상황인가? **89**
　　북한 경제는 1980년대 이후 왜 몰락했는가? **91**
　　북한 경제, 스스로 회생할 수 있을까? **93**

11 북한의 인권 문제, 개선 방안은 무엇일까?
    북한 인권, 실상은 어떨까? 95
    미국의 인권 공세, 어떻게 봐야 할까? 98
    북한 인권 개선할 수 있을까? 100

12 북미 협상에서 미국 입장은 무엇인가?
    클린턴 행정부, 왜 북핵 문제 마무리하지 못했을까? 105
    부시 행정부가 북한과 협상하기로 입장을 바꾼 이유는 뭘까? 108
    오바마 행정부는 왜 북핵 문제 방치했을까? 110
    트럼프 행정부는 왜 결과를 못 만들었을까? 111
    미국은 북핵 문제 해결 의지 있는가? 113

13 바이든 행정부의 북핵 해법은 무엇인가?
    조 바이든 리더십은 어떤 특징이 있을까? 118
    바이든 행정부의 북핵 해법은 무엇일까? 120

14 북핵 해결 위한 한국의 역할은 무엇일까?
    한국은 아무런 힘도 없는 것일까? 125
    북미 협상에서 중재자 역할은 무엇일까? 128

15 북미 협상 훼방꾼, 군산복합체란 무엇인가?
    군산복합체는 왜 한반도 평화 정착을 방해할까? 133
    군산복합체 실체는 무엇일까? 135

16 일본은 왜 한반도 평화 정착을 방해할까?
    아베 정부는 왜 한일 갈등을 유발하는 걸까? 138
    지소미아 갈등은 왜 일어났을까? 141

17 한국 보수, 왜 북미 협상 못마땅해 할까?
　한국 보수의 실체는 무엇일까? 145
　보수 진영이 생각하는 북핵 해법은 무엇일까? 149

3장　한반도 평화 체제

18 평화협정은 왜 필요한가?
　정전협정으로 평화가 정착될 수 있을까? 155
　평화협정이 체결되면 주한 미군은 철수하는가? 159
　한미 연합 군사훈련에 북한은 왜 민감하게 반응할까? 162

19 종전 선언은 왜 필요한가?
　종전 선언은 어떤 의미가 있을까? 168
　종전 선언은 북한에게만 유리할까? 170

20 북미 관계 정상화가 왜 필요한가?
　북한이 북미 관계 정상화에 매달리는 이유는 뭘까? 172
　북미 관계 정상화는 가능할까? 175

21 동북아에서 안보협력 체제 구축 가능할까?
　6자회담에서 동북아 안보협력이 합의된 이유는 뭘까? 178
　안보협력 체제란 무엇인가? 180
　동북아 안보 실태는 어떠한가? 182
　동북아에서 안보협력 체제 구축이 가능할까? 185

4장 통일외교

22 한미 동맹은 우리에게 무엇인가?
미국에게 한국은 무엇일까? **191**
동맹이란 무엇인가? **194**
전시작전통제권, 미국이 계속 행사해야 할까? **197**

23 왜 남북한은 교류, 협력해야 할까?
이산가족의 아픔을 방치해야만 할까? **201**
동서독은 통일 전 어느 정도 교류·협력 했을까? **204**

24 남북한 협력 방안은 무엇일까?
개성공단은 왜 폐쇄된 걸까? **207**
남북이 할 수 있는 경협 사업은 무엇이 있을까? **211**
남북이 안정적으로 협력할 방법은 무엇일까? **214**

25 남북한은 왜 통일해야 할까?
통일해야 하는 이유는 무엇일까? **217**
통일되면 무엇이 달라지나? **220**
어떤 방법으로 통일할 수 있을까? **221**

26 우리 정부의 통일 방법론은 무엇인가?
'민족공동체통일방안'은 무엇인가? **226**
남북연합은 무엇인가? **228**

27 흡수통일은 왜 문제인가?
  한반도에서 흡수통일이 가능할까? **232**
  흡수통일론 폐해는 무엇인가? **234**

28 서독은 서서 갈등이 없었을까?
  독일 통일의 원동력은 무엇이었을까? **238**
  서독은 서서 갈등을 어떻게 극복했을까? **240**

29 남남 갈등을 극복할 방법은 없을까?
  남남 갈등은 왜 문제가 되는 걸까? **243**
  남남 갈등 폐해는 무엇인가? **245**
  남남 갈등 해결할 방법은 무엇일까? **247**

30 미중 전쟁, 한국은 어떻게 대처해야 할까?
  미중 사이 한국의 외교 전략은 무엇일까? **249**
  자산의 '고슴도치 전략'은 무엇인가? **251**

주 **255**
참고문헌 **257**

1장
북핵 문제의 본질

북핵 문제가 한반도 평화 정착, 남북 관계 개선과 교류 협력의 발목을 잡고 있다. 한반도의 모든 현안이 북핵 문제로 단 한 발짝도 앞으로 나아가지 못하고 있다. 북한은 왜 핵무기를 개발하는 걸까? 북한이 국제사회로부터 강력한 제재를 받으면서도 핵무기 개발에 매달리는 배경과 북핵 문제가 해결되지 않는 이유가 무엇인지를 살펴본다. 북핵 문제를 풀고 우리 민족이 염원하는 한반도에서의 평화 정착, 남북 간 교류 협력을 거쳐 통일로 나가기 위해서는 북핵 문제의 본질을 직시해야 한다.

1장에서는 북한의 핵 개발 원인과 현황, 북핵 문제가 심각한 국제적 이슈로 부각되는 이유와 향후 핵보유국으로 인정받을 가능성 등 북핵 문제의 뿌리와 본질에 대해 살펴보자.

01 | 북한은 왜 핵무기를 개발하는 걸까?

국제적 갈등과 분쟁은 뿌리 깊은 역사가 있고 상대방이 있다. 일방적으로 한쪽이 정의롭고 다른 쪽은 불의한 경우는 드물다. 갈등을 풀기 위해서는 그 근원을 살펴야 하며, 대화와 협상으로 문제를 해결하려면 역지사지가 필요하다. 북한이 국제사회로부터 가혹한 경제 제재를 받으면서도 핵무기 개발에 매달리는 이유는 무엇일까?

핵무기 위력은 어느 정도일까?

핵무기를 '절대무기'라고 한다. 다른 재래식 무기와는 비교가 안 될 정도로 엄청난 파괴력을 갖고 있기 때문이다. 또 핵무기는 방어하기가 어려워 일단 사용되면 인류의 멸망으로 치달을 수 있기에 쓰는 말이다.

2017년 9월 함경북도 풍계리에서 실시된 북한의 6차 핵실험은 리히터 규모 5.7~6.3으로 측정됐다. 한국 기상청은 5.7, 미국 지질 조사국과 중국·러시아 등은 6.3으로 평가했다. 최소치 5.7로만 추정해도 폭발 위력은 약 100kt으로 일본 히로시마에 떨어진 원자 폭탄의 7배 폭발력 수준에 이른다. 이 정도면 웬만한 큰 도시 하나를 날려 버릴 수 있는 위력이다. 만일 인구가 밀집

1945년 8월 6일, 미국은 일본 히로시마에 핵폭탄을 투하했다. ⓒ위키미디어

된 서울에 떨어진다면 약 200만 명이 한꺼번에 사망하는 끔찍한 파괴력이다.

토머스 홉스(Thomas Hobbes)에 따르면 국제정치는 '만인의 만인에 대한 투쟁'의 세계이다. 모든 게 힘에 의해 좌우되는 세계이다. 따라서 각국은 자국의 안전 보장과 국익 확보를 위해 부심하며 국력을 키우기 위해 전력을 기울인다. 특히 군사력을 증강시키기 위해 노력을 기울이는데, 핵무기는 기존 힘의 균형을 한꺼번에 뒤바꿀 수 있기에 모든 국가가 탐내는 무기이다.

핵무기의 가공할 파괴력 때문에 국제사회는 미국·러시아·중국·영국·프랑스 등 기존 핵보유국을 중심으로 핵확산을 막기 위해 노력을 기울였다. 그 결과 만들어진 것이 핵확산방지조약(NPT)이다. 핵무기를 보유하지 않은 국가의 핵 개발을 저지해 핵확산을 막고, 기존 핵보유국의 핵 발전도 억제시킴으로써 원자력의 평화적 이용을 위해 체결된 조약이다. 이 조약은 기존 핵보유국의 핵 고도화에는 너그러운 채 비핵 국가의 핵 개발 저지에만 집중해 불평등 조약이라고 비난 받는다.

하지만 우리나라를 비롯해 핵확산방지조약에 190개국이 가입해 있으며 국제적 권위를 갖고 있다. 미국·러시아·중국·영국·프랑스 등 유엔 안보리 상임이사국이 단합해 이 조약 준수를 강제하며, 위반하는 나라에 대해서는 유엔 안보리 차원의 혹독한 제재를 가하고 있다.

북한의 '억지력 확보를 위한 핵 개발' 주장 근거 있는가?

북한은 6·25전쟁에서 처음 미국의 핵무기 위협을 경험했다. 맥아더 유엔군 사령관은 1950년 10월 중국군 참전으로 전황이 어려워지자 미국 정부에 핵무기 사용을 요청했다. 북한과 만주 지역에 26발의 원자폭탄을 투하해 중국군의 후방 지역을 초토화시킬 생각이었다.

트루먼 행정부는 면밀한 검토 끝에 만주나 북한에 핵무기 목표물로 적당한 대규모 산업 시설이나 군사기지가 없어 핵무기 사용 명분이 약한 것으로 결론 내렸다. 또한 자칫 잘못하면 소련의 개입을 초래해 제3차 세계대전으로 비화될 수 있다고 판단해 이 요청을 기각했다.* 1951년 4월 트루먼 대통령은 핵무기 사용을 요구하던 맥아더를 해임하고 매튜 리지웨이 장군을 후임 사령관으로 임명했다.

미국은 정전협정의 협상 국면에서 다시 핵무기 사용을 검토했다. 1952년 대통령 선거에서 6·25전쟁의 조기 종식을 공약으로 내걸고 당선된 아이젠하워 대통령은 정전협상이 지지부진하자 1953년 만주 지역과 한반도에 원폭 투하를 고민했다. 당시 미국은 전술 핵무기 개발에 성공했는데, 전술핵은 국지 전투에서 제한된 목표를 타격하는 데 사용할 수 있었다. 1953년 초 아이젠하워는 정전협상이 계속 교착 상태에 머문다면 원자폭탄을 사용할 수 있다는 의지를 간간이 내비쳤다. 그러나 참전국이었던 영국과 프랑스가 반대하고, 중국과 정전협상의 돌파구가 생기면서 핵 논의는 중단되었다.

6·25전쟁이 끝난 뒤 미국은 1957년부터 핵탄두를 장착한 '어니스트 존' 미사일과 280km 장거리포를 남한에 실전 배치했다. 전쟁 후 재정 적자에 시달리면서 한국 지원 예산을 줄이기 위한 조치였다. 예산을 감축하기 위해서는 전쟁으로 늘어난 대규모 한국 병력을 감축하는 것이 불가피했다. 전술핵 배치는 병력 감축에 반발하는 이승만 정부의 안보 불안감을 해소하기 위한 목적이었다.

1970년대 초에는 미군의 베트남 철수로 생긴 박정희 정부의

---

* 1950년 12월 4일 애틀리 영국 수상이 트루먼 대통령을 만나 유럽 국가의 걱정을 전달했다. 미국과 중국의 전쟁은 제3차 세계대전으로 이어질 가능성이 높다고 경고하면서 트루먼에게 중국군 진출을 38선에서 저지하고 휴전해야 한다고 제안했다.

안보 불안감을 해소하기 위해 핵무기 숫자를 대폭 늘렸다. 1972년 한국에 배치된 핵탄두는 763개로 사상 최대 규모였다. 당시 미국 당국자들은 안보 불안에 전전긍긍하던 박정희 정부를 달래기 위해 핵무기 사용 가능성을 공공연히 언급했다.

1975년 6월 제임스 슐레진저 국방장관은 미국의 핵탄두가 한국에 배치돼 있다는 사실을 공개적으로 언급하면서 다음과 같이 북한을 위협했다. "우리가 전술 핵무기를 반드시 사용해야 하는 상황이 된다면 실제 그 사용 여부를 고려할 것이다. 미국이 어떤 반응을 보일지 시험하는 것은 결코 현명하지 못한 행동이다."

한국에 배치된 핵무기가 철수된 것은 1991년 12월 남북한의 '한반도 비핵화에 관한 공동선언'이 채택되기 직전이었다. 그해 8월 소련이 해체되자 미국의 부시 대통령은 전 세계 미군기지에서 "지상과 해상의 전술 핵무기를 모두 철수한다"고 발표했으며 주한 미군의 전술핵도 회수했다.

미국은 2015년 소형 정밀 유도 핵무기의 모의탄 실험을 실시했다. 「뉴욕타임스」는 "이 핵무기는 기존의 B61 모델을 개량한 B61-12로 미국 최초의 정밀 유도 핵폭탄"이며 "북한과 같은 나라들을 염두에 두고 설계됐다"고 보도했다. B61-12 모델은 항공기로 투하되는 폭탄이지만 첨단 컴퓨터 시스템을 탑재하고 후미에는 방향타를 달아 지하 터널과 무기고 등을 정확하게 타격할 수 있는 스마트 핵폭탄이다. 목표에 따라 폭발력을 조절함으로써 부수적인 피해를 줄일 수 있다는 장점을 지닌다. 「뉴욕타임스」는 실험을 통해 소형화하고 타격 정확성을 높인 것은 실전에서 핵무기 사용 유혹을 높일 수 있다며, 방어용이 아닌 선

제공격용으로도 사용될 수 있다는 우려를 나타냈다.[1]

북한이 핵무기 개발에 박차를 가한 것은 1980년대 말이다. 이는 동독이 서독에 흡수되면서 독일이 통일되고 소련이 해체되는 시기와 맞물린다. 북한은 국제적 고립과 심각한 경제난 속에서 체제 유지에 불안감을 느꼈고 이를 극복하기 위한 방법으로 핵무기 개발에 매달렸다.

1980년대 말 노태우 정부의 북방 정책이 성공하면서 한국은 1989년 2월 헝가리와 수교를 시작으로 폴란드·유고·체코·불가리아·몽골 등 사회주의 국가와 수교했다. 1990년 9월에는 소련, 1992년 8월에는 북한의 혈맹인 중국과 국교 정상화를 성사시켰다. 안보의 두 기둥인 소련과 중국을 잃게 된 북한의 충격은 이루 말할 수 없었다. 소련이 무너지고 동구 사회주의 국가들이 몰락하면서 발생한 국제적 고립과 안보 동맹국인 소련·중국의 배신은 북한이 핵무기 개발을 추진하게 된 이유이다.

소련의 세바르드나제 외무장관은 한국과 수교 발표 직전 북한의 김영남 외교부장과 단독회담을 갖고 한국과 외교 관계를 맺기로 했다는 소식을 전했다. 당시 김영남은 준비한 서류를 꺼내 들고 북·소 동맹조약의 본질적 내용이 사문화되었으므로 "북한은 우리가 희망하는 무기를 개발하지 않겠다는 약속에 더 이상 얽매이지 않겠다"고 말한 것으로 전해진다. 당시 소련 측 참석자 중에는 김영남이 핵무기를 구체적으로 거론하며 위협했다고 기억하는 사람도 있을 만큼 김영남의 핵 개발 메시지는 명확했다.

북한은 리비아의 카다피 정권과 이라크의 후세인 정권이 미국의 침공을 받고 패망한 것은 핵무기 개발에 실패했기 때문이라고 주장했다. 카다피는 2003년 2월 미국의 경제 제재 해제와 관계 정상화 약속을 믿고 핵 개발을 포기했다. 그러나 2011년 10월 반군의 총에 맞아 죽었다. 이라크의 후세인 역시 미국의 침공을 받고 체포되어 사형에 처해졌다.

북한 지도부 입장에서는 남의 일 같지 않았을 게 분명하다. 북한 지도부는 핵무기에 의한 억제력만이 미국의 침공 위협으로부터 체제를 지키고 자신의 신변 안전도 보장받을 것으로 여겼을 것이다.

북한 내부적 요인은 무엇일까?

1984년 김일성 사망 후 출범한 김정일 정권은 '강성대국(强盛大國) 건설'을 기치로 내걸었다. 강성대국이란 '국력이 강한 나라, 그 어떤 침략자도 감히 범접할 수 없는 무적의 나라'로 1990년대 극심한 경제난과 식량난 속에서 고난과 실의에 빠진 북한 주민에게 희망을 주려는 국가 비전이다. 북한 판 '부국강병'이다.

김정일은 강성대국이 되려면 '사상강국·군사강국·경제강국'이 되어야 한다고 교시했는데, 핵무기는 강성대국 건설에 필수 요소가 되었다. 미국과 적대하는 북한 입장에서 핵무기 없는 군사강국은 성립할 수 없기 때문에 핵무기 보유는 강성대국의 상징이 되었다.

북한은 2005년 2월 외무성 성명을 통해 핵무기 보유국을 선언하면서 "우리 민족도 세계 핵무기 보유국이 되었다는 것, 우리 민족이 사는 나라가 세계 강대국의 대열에 들어서게 되었다는 것, 바로 그것이 핵무기 보유국임을 선포한 역사적 의미가 있는 것"이라고 천명했다.

김정일은 집권 기간 내내 '선군(先軍) 정치'를 주창했다. 선군 정치란 군대를 중시하고 이를 강화하는 데 선차적인 힘을 쏟는 정치다. 선군 정치하에서는 주민생활 개선을 위한 경공업이나 농업보다는 핵무기나 미사일 개발과 같은 국방산업 발전이 더 중요한 과제이다.

김정일은 1990년대 초반 소련이 해체되고 동구 사회주의 국가들이 붕괴하면서 군대의 중요성을 절감했다. 1989년 루마니아에서 반정부 소요가 벌어졌을 때 차우세스쿠 대통령은 군부에 진압 명령을 내렸다. 하지만 군부가 항명하면서 공산당 정권이 무너지고 차우세스쿠는 처형되었다. 아버지 김일성과 친분이 각별했던 차우세스쿠였기에 김정일이 받은 충격은 컸을 것이다. 1991년 8월 소련의 보수파가 반 고르바초프 쿠데타를 감행했을 때도 군대가 국가비상사태위원회의 명령을 거부하고 옐친 편에 서면서 소련이 붕괴했다.

김정일이 선군 정치를 표방하며 군부를 우대한 것은 군대를 확실하게 장악하지 못하면 정권이 무너질 수 있다는 생각 때문이었을 것이다. 선군 정치 아래 군사강국 건설을 주창하면서 핵무기와 미사일 개발은 북한의 최우선 순위로 자리 잡았다.

선군 정치론은 김정은 집권 이후 조선노동당 우위의 '사회주의 정상국가화' 노선을 걸으면서 점차 약화되었다. 그러다가 2021년 조선노동당 제8차 대회를 계기로 김정은이 '인민대중제일주의'를 천명하면서 공식적으로 폐기되었다.

남북한 군비경쟁이 북한 핵무기 개발에 영향을 미쳤는가?

1948년 한반도의 남과 북에 대한민국과 조선민주주의인민공화국이 각각 출범하면서 체제 경쟁은 필연이었다. 군사·정치·경제·사회 분야뿐만 아니라 문화, 심지어 스포츠에서도 남과 북은 불꽃 튀는 경쟁을 벌였다. 1980년대 이후 남북한 체제 경쟁이 남한의 승리로 판가름 나면서 경제력에서 열세인 북한은 군비 경쟁에서도 곤경에 처했다. 남북한 경제력 차이는 군사비에도 영향을 미쳐 군사력 격차가 크게 벌어졌다.

국가의 경제 규모를 가늠하는 국내 총생산(GDP)에서 남한은 2019년 기준 1945.7조 원으로 북한 35.6조 원의 54.6배에 이른다. 또한 2019년 기준 남한의 군사비는 46.7조 원으로 북한의 총소득(NI) 35.6조 원보다도 더 많다. 북한 주민 모두가 의식주 생활을 포기하고 소득을 군사비에 몽땅 쏟아 부어도 남한의 군사비에 미칠 수 없게 된 것이다.

통상 군사력 지표로 널리 사용되는 군사비를 기준으로 남북한을 비교할 때 북한은 열세를 면치 못하고 있다. 1975년 이후 남한은 군사비 지출에서 북한을 앞질렀으며 1990년대 들어서는 5배 이상, 2006년에 이르면 무려 50배에 이른다.

군사비 누적액 기준으로 볼 때, 또 종합적인 전쟁 수행 능력 면에서 남한은 북한을 크게 앞질렀다. 북한은 돈이 많이 드는 재래식 무기 경쟁에서 더 이상 남한과 경쟁할 수 없게 된 것이다. 북한은 대안으로 핵무기와 미사일과 같은 대량살상무기 개발로 방향을 바꾸었다. 핵무기는 재래식 무기에 비해 값이 싸다. 최첨단 전투기로 평가되는 F35A 대당 가격이 1600억 원 정도인데, 이 비행기 2대 값이면 핵탄두 10개를 개발할 수 있다. 더욱이 북한은 인건비가 싸고 양질의 우라늄 광산을 보유하기 때문에 더 적은 비용으로도 핵무기를 개발할 수 있다.

02 | 북한의 핵무기, 왜 문제인가?

> 인류에게 재앙을 가져다주는 핵무기는 없어져야 한다. 하지만 지구상 모든 국가는 자국의 영향력 확대를 위해 핵무기 보유를 꿈꾸고 있는 게 국제정치의 현실이다. 국제사회는 기존 핵보유국의 핵무기는 묵인하면서 북한·이란 등의 핵무기 개발에 대해서는 혹독한 제재를 가하고 있다. 북한의 핵무기 개발이 왜 국제적 문제가 되는지 그 배경과 북한의 핵무기 개발 현황을 살펴본다.

국제사회의 핵무기 정책은 왜 나라마다 차별적일까?

지구상에 핵무기를 보유한 국가는 많다. 미국·러시아·중국·영국·프랑스 등 유엔 안보리 상임 이사국 외에 이스라엘·인도·파키스탄 등이 핵무기를 보유하고 있으며, 북한과 이란도 핵 개발을 추진하고 있다.

그중에서 북한과 이란의 핵 개발은 왜 국제 문제화되고 유엔 차원의 혹독한 경제 제재를 받고 있는 걸까? 바로 반미(反美) 국가이기 때문이다. 지구촌에 절대 패권을 행사하는 미국 입장에서 반미 국가들이 핵무기로 자국을 위협하고 테러리스트에게까지 확산될 가능성은 상상만으로도 끔찍한 시나리오다. 어떤 수단을 쓰든 반드시 막아야 할 중대한 안보 위협인 것이다.

따라서 핵 개발 의혹이 있는 국가에 대해서는 미국을 중심으로 유엔 안보리 상임이사국이 단합해 혹독한 제재를 가한다. 중국, 러시아 등도 다른 사안에 대해서는 미국을 비판하고 견제하지만 핵확산 문제에서는 단합하고 있다. 핵무기가 그만큼 가공할 파괴력을 가진 무기이기에 핵 확산 저지라는 목표만큼은 기존 핵보유국의 이해가 같기 때문이다.

핵확산방지조약은 운용 면에서 국제정치의 속성을 그대로 드러낸다. 강대국인 기존 핵보유국의 위반에 대해서는 너그럽고 약소국에게만 엄격하다는 점에서 불평등하다.

또한 이스라엘·인도·파키스탄 등 친미 국가의 핵 보유는 묵인한 채 이란·북한 등 반미 국가에 대해서만 가혹한 제재를 한다는 점에서 불공정하다. 이스라엘·인도·파키스탄 등은 핵확산방지조약에도 가입하지 않은 채 국제사회에서 '사실상 핵보유 국가'로 인정받고 있다. 국제사회의 핵 정책을 주도하는 미국은 왜 이들의 핵무기 보유는 인정하는 걸까?

이스라엘은 핵무기 보유에 대해 공식적으로는 시인도 부인도 하지 않고 있으나, 약 200개 핵탄두를 보유한 것으로 알려져 있다.* 제2차 세계대전 이후 전 세계 유대인이 팔레스타인 땅에 모여들어 건국한 이스라엘은 건국 직후부터 핵 개발을 추진했다. 소수 인구로 다수의 적대적인 아랍 민족 틈바구니에서 생존하기 위해 절대무기인 핵무기가 필요하다는 생각 때문이었다. 1950년대 이스라엘은 프랑스와 협력해 핵 기술을 공유하며 핵 개발에 성공했다. 미국은 핵 개발 초기부터 알고 있었지만 묵인

* 런던 국제전략문제연구소(IISS)의 추산 수치이다. 스톡홀름 평화연구소(SIPRI)는 약 90개로 추정하고 있다.

했다. 중동에서 친미 국가 이스라엘의 안보 확보는 미국의 국익
에 부응한다는 판단 때문이었다.
 인도는 1962년 중국과 국경 분쟁에서의 패배, 1965년 파키스
탄과 전쟁을 거치면서 핵 개발의 필요성을 절감한다. 특히 1964
년 중국의 핵실험 성공에 자극 받아 핵 개발에 박차를 가해
1974년 핵실험을 성공시켰다. 이후 국제사회의 제재로 잠시 주
춤했지만 파키스탄이 핵 개발을 추진하자 1998년부터 다시 본
격적으로 핵 개발을 추진했다. 미국은 처음에는 인도의 핵 개발
을 저지했지만 2006년 인도와 원자력협정을 체결하면서 인도
의 핵무기 보유를 사실상 인정한다. 빠르게 부상하는 중국을 견
제하기 위해 인도의 협력이 필요했기 때문이었다. 현재 인도의
핵탄두 숫자는 약 150개로 추정된다.
 파키스탄은 인도와의 전쟁에서 패배하면서 비밀리에 핵 개발
을 시작했다. 처음 미국은 파키스탄의 핵 개발에 반대했으나
1980년대 아프가니스탄 전쟁에서 파키스탄에 협조를 구하기
위해 묵인했다. 아프가니스탄 전쟁에서 소련에 맞서는 게릴라
를 지원하는 데 인접국 파키스탄의 협력이 절실했기 때문이었
다. 이후 소련이 아프가니스탄에서 철수하자 미국은 다시 파키
스탄에 제재를 가했지만 이미 핵 개발이 완료된 상태였다. 파키
스탄은 1998년 두 차례의 핵실험을 단행해 성공시켰다. 현재
파키스탄의 핵탄두 숫자는 약 160개로 추정된다.
 미국은 반미 국가의 핵 개발은 철저하게 막았다. 중동의 반미
국가인 리비아 사례가 대표적이다. 리비아의 카다피 정부는 핵
개발을 시도하다 실패한 후 정권이 전복되고 카다피는 살해되
었다. 1979년 미국은 카다피가 반미 노선을 걸으며 핵 개발을

시도하자 테러 지원국으로 지정한 뒤 장기간 가혹한 경제 제재를 가했다. 이를 견디지 못한 카다피 정부는 2003년 비핵화 선언을 하고 모든 대량살상무기를 폐기했다. 그러나 2011년 내전 과정에서 북대서양조약기구(NATO)의 지원을 받는 반군에게 패배했고 카다피는 사살 당했다.

리비아의 핵 폐기는 리비아 정부가 먼저 핵 포기를 선언하고, 검증을 거친 후 국제사회가 경제 제재를 해제하는 방식으로 이뤄졌다. 이러한 '선 폐기 후 보상'의 방식을 '리비아 해법'이라 부른다. 존 볼턴 전 백악관 국가안보보좌관 등 미국 강경파들이 주장하는 핵 폐기 방식이다.

중동의 반미 국가 이란의 핵 문제는 2002년 8월 반정부 단체의 폭로로 불거졌는데, 유엔은 2006년 12월부터 2010년 6월까지 총 네 차례의 결의안을 통해 이란을 제재했다. 이란은 2013년 온건파인 로하니 정권이 출범한 뒤 국제사회와 대화를 시작해 2015년 7월 핵 협상을 타결했다.

미국·영국·프랑스·중국·러시아 등 유엔 안보리 상임이사국 외에 유럽연합(EU)을 대표한 독일까지 참여해 이란과 비핵화 협정을 맺었다. 협정의 주요 내용은 10년 간 우라늄 농축시설 1/3로 감축, 15년 간 우라늄 보유량 98% 감축, 15년 간 국제원자력기구 사찰 수용 등이다.

이란이 합의를 이행하고 국제원자력기구가 검증을 완료하면 유럽연합과 미국은 경제 제재를 해제하고, 유엔 안보리도 관련된 모든 제재를 없앨 예정이었다. 그러나 미국 트럼프 행정부는 2018년 5월 전임 오바마 행정부가 타결한 이란과의 핵 협정이 미흡하다며 탈퇴를 선언하고, 이란에 대해 경제 제재를 재개했다. 10년 뒤 협정이 만료되면 이란이 다시 핵무기를 만들 수 있다는 우려 때문이었다. 이란도 이에 대응해 2020년 1월 비핵화 합의를 파기했다.

북한 핵 개발, 얼마나 진행되었을까?

북한은 1980년대 들어 무기급 핵물질 생산 시설 구비, 핵 전문 인력 양성, 핵 실험장 건설 등 핵무기 개발을 위한 기반 시설을 갖추면서 핵 개발에 본격 착수했다. 영변 핵 단지에 핵무기 원료인 플루토늄 생산에 필요한 원자로, 재처리 시설, 핵연료 제조 공장 등을 건설했다.

북한은 1986년 자체 기술력으로 개발한 5MWe 흑연감속용 원자로를 가동했으며, 1990년 사용 후 핵연료를 재처리할 수 있는 방사화학실험실을 완공했다. 또한 영변 핵 시설 내 50MWe 흑연감속용 원자로를 1995년 완공 목표로 착공했고, 태천에는 200MWe 흑연감속용 원자로 건설 계획을 수립했다. 이 시설들은 1994년 미국과 '제네바 합의'를 맺으며 건설이 중단되었다.

북한의 핵 개발 의혹은 1989년 프랑스 상업 위성에 의해 영변 핵 단지가 노출되면서 제기되었다. 이후 국제사회 압력에 의해 1992년 국제원자력기구에 의한 핵 사찰이 이뤄졌으나, 의혹이 증폭되며 국제원자력기구는 특별 사찰을 요구했고 북한은 이에 반발해 핵확산방지조약을 탈퇴했다.

당시 미국의 클린턴 행정부는 북한 핵 시설에 대한 군사적 폭격까지 검토했으나, 1994년 북미 간 '제네바 합의'가 타결됨으

2017년 핵무기병기화사업을 현지 지도하는 김정은. ⓒ평양 조선중앙통신=연합뉴스

로써 봉합되었다. 2002년 부시 행정부가 출범하면서 북한의 우라늄 농축 활동 의혹을 제기하며 '제네바 합의'를 파기했고, 북한에 대한 중유 지원과 경수로 건설도 중단했다. 북한도 이에 대응해 '제네바 합의' 파기를 선언하고 국제원자력기구 사찰단 추방, 영변 핵 시설 동결 해제, 사용 후 핵 연료봉 재처리를 통한 핵물질 생산을 재개했다.

  이후 북한은 2003년과 2005년 두 번의 재처리를 통해 상당량의 플루토늄을 확보했다. 2005년 2월에는 핵무기 보유를 선언하고 2006년 10월 함경북도 풍계리에서 핵실험을 단행했다. 한미 군사 당국은 1차 핵실험에서 탐지된 인공 지진의 강도가 리히터 규모 3.9~4.2인 점에 근거해 폭발 위력을 1kt 이하로 판단했다. 전문가들은 폭발력이 1kt 이하인 경우 미완의 실험이지만, 최소한의 핵폭발 장치를 만들어 터트릴 수 있는 수준은 된다는 평가를 내렸다.

북한은 핵탄두 위력 증대, 미사일 탑재, 대량생산 등에 초점을 맞추고 핵능력 고도화에 노력을 기울였다. 핵 문제 해결을 위한 6자회담이 무산되면서 북한은 불능화가 진행 중인 핵 시설을 재가동했고 2009년 5월 2차 핵실험을 단행했다. 2차 핵실험에서 보여 준 핵 폭발력은 약 3~4kt으로 추정되었으나 이는 과거 히로시마에 투하된 핵무기에도 못 미치는 것으로 평가되었다.

2012년 이후 북한은 '경제와 핵 무력 병진노선'을 천명하며 핵과 미사일 능력 고도화를 추진했다. 2013년 2월 3차 핵실험, 2016년 1월 4차 핵실험, 2016년 9월 5차 핵실험, 2017년 9월 6차 핵실험을 추가로 실시했다. 마지막으로 단행된 6차 핵실험에서 보여 준 핵 폭발력은 약 100kt으로 수소탄 시험으로 추정되었다. 북한은 6차 핵실험 이후 핵보유국임을 선언하면서 핵탄두의 표준화·규격화·소형화·경량화·다종화 달성을 주장했다. 핵탄두와 미사일 대량생산 및 실전 배치 의사를 표명했다.

북한의 핵 능력과 관련해 한국 국방부는 핵무기 원료인 플루토늄 50kg, 고농축우라늄(HEU)을 상당량 보유한 것으로 평가했다. 또한 핵무기 소형화 능력도 일정 수준에 이른 것으로 평가했다. 스톡홀름 평화연구소는 북한의 핵탄두 보유 숫자를 약 30~40개로 추정한다.* 핵무기가 실전에서 사용되기 위해서는 핵탄두를 실어 나를 투발 수단이 필요하다. 투발 수단으로는 중

---

* 2021년 5월 랜드연구소와 아산정책연구원은 보고서를 통해 북한의 핵탄두가 67~116개에 이른다고 주장했다. 하지만 북한의 핵 전문가인 지그프리트 해커 박사는 이를 과장이라며 45개 정도로 추정했다.

장거리 폭격기와 미사일 등이 있는데 북한은 미사일 개발에 집중하고 있다.

　북한은 1960년대 중반부터 미사일 개발에 인력과 자원을 투입했다. 1976년 이집트로부터 스커드-B를 도입해 역설계를 통해 스커드 미사일 자체 생산에 성공했고, 이를 개량해 1988년 실전 배치했다. 1990년대에는 사거리 1300km인 노동미사일을 개발해 실전 배치했으며, 장거리 탄도미사일 대포동 1호를 시험발사했다. 또한 소련의 잠수함발사 탄도미사일(SLBM) 기술을 도입해 사거리 3000km 이상의 무수단 중거리 탄도미사일(IRBM)을 개발해 2007년 실전 배치했다.

　2016년에는 고출력 미사일 엔진 개발에 성공해 핵탄두를 나를 수 있는 탄도미사일 개발의 기반을 구축했다. 2017년 5월에는 중거리 탄도미사일 화성-12를 시험발사했고, 2017년 7월에는 대륙간 탄도미사일 화성-14형과 화성-15형을 시험발사했다. 또한 신포급 잠수함에서 잠수함발사 탄도미사일 북극성을 2016년 8월 시험발사했으며, 2017년에는 이를 지상형으로 개조해 북극성-2호를 시험발사했다.

　북한의 미사일 능력은 대륙간 탄도미사일, 잠수함발사 탄도미사일을 개발해 시험발사하는 등 미국 본토까지 위협할 정도이다. 대륙간 탄도미사일의 경우 대기권 진입 기술이 아직 미흡하다는 평가를 받는다. 하지만 잠수함발사 탄도미사일은 방어가 어렵다는 점 때문에 위력적인 무기로 간주된다.

03 | 북한은 핵보유국으로 인정받을까?

힘으로 대접받는 국제정치에서 핵무기를 보유하면 국가 위상이 달라진다. 북한도 중국이나 인도처럼 국제사회에서 핵보유국으로 인정받을 수 있을까? 또 언젠가 통일되면 북한 핵무기는 통일 한국의 위상을 높이는 데 도움이 되지 않을까? 북한 핵무기가 국제사회로부터 인정받을 수 있을지 알아본다.

북한이 핵보유국으로 인정받는다면 어떻게 될까?

중국의 핵 개발 성공 사례는 북한의 핵 개발 의지를 고무시켰다. 중국은 1964년 10월 첫 원폭 실험에 성공한 데 이어 1967년에는 수소폭탄, 1970년에는 인공위성 발사까지 성공했다. 핵탄두와 장거리 미사일 등 핵무기 체계를 완성시키자 중국은 더 이상 죽의 장막에 가려진 종이호랑이가 아니었다. 중국은 프랑스를 필두로 서방 국가들과 차례로 국교 정상화를 이뤘으며, 1979년에는 미국과 수교가 성사됐다.

미국은 1949년 내전에서 승리한 중국이 수교를 요청하자 무려 20년 동안이나 무시로 일관했다. 이후 중국이 핵 개발을 추진하자 선제공격 위협까지 가했다. 그러나 막상 중국이 핵 개발에 성공하자 태도를 바꿔 1972년 2월 닉슨 대통령이 직접 베이징으로 날아가 친선우호조약을 체결한 뒤 1979년 국교 정상화를 허용했다. 당시 중국 최고지도자 마오쩌둥은 중국의 핵 개발이 미국과 서방의 문을 여는 데 최고의 방법이라고 말한 것으로 전해진다.

북한도 핵무기와 미사일 개발을 완성시키면 국제사회에서 중국처럼 대우받지 않을까? 그렇지 못할 것이다. 북한과 중국의 처지가 다르기 때문이다. 중국은 넓은 국토와 거대한 인구를 가진 대국으로 6·25전쟁에서 미국과 맞붙어 무승부를 기록했던 강국이다. 미국이 군사적 선제공격이나 경제 제재로 무릎 꿇릴 수 있는 국가가 아니다. 이에 비해 북한이나 이란·리비아 등은 국력에서 중국과 비교도 할 수 없는 약소국이다. 힘의 크기로 대우 받는 국제정치에서 강대국과 약소국 처지는 하늘과 땅만큼 다르다.

미국이 북한 핵무기를 용인하면 동북아시아에 핵 도미노 사태가 벌어진다. 일본이 자국의 심각한 안보 위기를 팔짱 끼고 방관할 리 없으며, 한국 또한 마찬가지이기 때문이다. 일본과 한국은 마음만 먹으면 단시간 내 핵무기를 개발할 능력을 갖고 있다. 만일 동북아시아 6개국 모두가 핵무기를 보유하게 된다면 동북아 안보 질서는 근본적으로 뒤바뀐다. 미국의 패권 질서는 무너지고 6개국 모두가 자국의 안보와 국익을 위해 각자도생하는 세상이 된다. 핵무기를 보유한 일본과 한국도 더 이상 미국의 지시에 고분고분 따르지 않을 게 분명하다.

미국의 국제전략연구소(CSIS)는 보고서에서 미국이 북한의 비핵화를 포기하는 순간, 그동안 아슬아슬하게 지탱해 온 세계적 비확산 체제가 무너지고 동북아에서는 핵무기 경쟁이 시작될 것으로 예측하고 있다.² 미국 입장에서는 반드시 막아야 할 최악의 시나리오이다.

핵무기 보유, 민족의 생존과 번영에 도움이 될까?

우리가 핵무기를 보유하면 국가 운영에서 자율성은 커지겠지만 민족의 염원인 한반도 통일은 요원해진다. 핵무기를 보유한 통일 한국의 등장을 주변국이 찬성할 리 없기 때문이다. 동북아 6개국이 모두 핵무기를 갖게 된다면 어느 일국의 반대를 무시하고 기존 질서의 변경이나 새로운 일을 추진하기는 어렵다. 한반도 통일은 동북아 국제질서의 중대한 현상 변경이다. 현상 변화가 자국의 사활적 이해를 침해한다고 여길 경우 주변국들이 핵무기 사용 위협으로 이를 저지하려 할 가능성이 높다.

지금 북한 핵무기 보유가 묵인된다 해도 남북한이 통일 국면에 진입하면 핵무기 문제는 다시 이슈로 부각될 것이다. 독일 통일 과정에서도 유사한 상황이 펼쳐졌다. 1989년 10월 체코와 폴란드에 와 있던 동독인들의 대규모 탈주 사태로 유럽은 격랑 속으로 들어갔다. 그해 11월 베를린 장벽이 무너지면서 동서독 통일이 눈앞으로 성큼 다가왔다.

당시 주변국들은 긴장 속에서 동독의 상황을 주시하며 자국 입장을 정리했다. 영국의 대처 총리는 독일 통일을 저지하겠다는 입장을 분명히 했다. 소련의 고르바초프 서기장, 미국의 부시 대통령, 프랑스의 미테랑 대통령 등은 같은 민족인 동서독 통일을 막기 어렵다는 입장이었다.

하지만 미테랑 대통령은 동서독 통일을 승인하는 조건으로 서독에게 폴란드와 국경선 인정, 통일 독일의 핵무기 보유 포기, 유럽연합 협상 개시 등을 요구했다. 미국의 부시 대통령은 통일 독일이 자유진영 안보기구인 북대서양조약기구 지휘 체계에 소속돼야 한다고 주장했다.

서독의 헬무트 콜 총리는 오데르나이세 국경선 인정과 독일의 마르크화를 포기하는 유럽 단일 화폐 창설에 미온적이었다. 콜 총리의 변명은 서독 총리로서 아직 존재하지도 않는 통일 독일의 이름으로 어떻게 약속을 미리 할 수 있겠느냐는 것이었다. 오데르나이세 국경선 인정은 독일이 폴란드의 실레지아와 체코의 수데텐 지역을 공식적으로 포기한다는 선언이다. 이곳은 과거 게르만족이 많이 살았던 지역으로 제2차 세계대전에 패배해 강제로 빼앗겼는데, 독일 우파들이 선거 때마다 실지(失地) 회복을 주장하는 지역이다.

1990년 3월 동독의 자유 총선거에서 신속한 통일을 공약한 독일 연합이 승리하면서 통일이 임박해지자 콜 총리는 주변국 요구를 모두 수용했다. 4월 25일 콜 총리는 독불 정상회담에서 미테랑 대통령에게 통일 이전에 오데르나이세 국경선을 인정하고, '2+4 협상'*의 틀 안에서 독일의 비핵화를 받아들이겠다고 약속했다.

이후 9월 12일 동서독과 미·소·영·불 등 점령 4개국 외무장관 사이에 '독일 문제에 관한 최종적인 해결책을 담은 외교문서' '2+4 협정'이 체결됨으로써 통일의 정지 작업이 마무리됐

---

* 동서독 통일 문제를 다루기 위해 당사자인 동독·서독과 제2차 세계대전 승전국인 미국·소련·프랑스·영국 외무장관들이 참여했던 회의체를 말한다.

다. 이 조약에서 동서독 외무장관은 통일 독일의 비핵화와 오데르나이세 국경선 인정을 확인했다.

북한에 대한 경제 제재 어느 정도 혹독한가?

미국은 6·25전쟁 발발 직후인 1950년 6월 28일 북한에 대해 전면 금수(embargo)를 실시한 이래 냉전 기간 내내 무역·투자·금융거래 등을 전면 금지시켰다. 제재가 일부 풀린 것은 1993년 1차 북핵 사태 발생 이후 북미 대화가 시작되어 '제네바 합의'가 체결되었을 때이다. 1995년 1월 북미 직통전화 개설·언론사 주재 사무실 개설·상호 연락 사무소 개설에 따른 금융 거래 허용 등 제재 해제 조치가 취해졌다. 2000년 6월에는 북한의 미사일 시험발사 유예에 따른 보상으로 대북 교역에 대한 전면 금지가 완화돼 사전 신고제와 허가제로 바뀌었다.

미국은 2006년 북한의 장거리 미사일 발사·1차 핵실험을 계기로 다시 수출 통제 조치를 발표하고 제재를 전면 부활시켰다. 미국 상무부는 기초 식량과 약품을 제외한 모든 품목에 대해 수출 허가를 받도록 해 사실상 금수 조치를 재도입했다. 현재 북한은 미국의 적성국교역법에 근거한 '안보위협국', 수출관리법의 '테러지원국'과 '대량살상무기 확산국', 수출입은행법의 '공산체제 국가' 등으로 지정되어 중복 제재를 받고 있다. 미국의 경제 제재는 중층 구조로 되어 일부 제재를 해제한다 해도 북한이 기대하는 효과는 나타나기 어렵다.

유엔 차원의 경제 제재는 2006년 북한 핵실험과 중장거리 미

2017년 9월 11일, 유엔 안전보장이사회는 유엔 본부에서 열린 회의에서 대북 제재 결의안을 통과시키기로 의결했다. ⓒ 위키미디어

사일 발사 이후 유엔 안보리에서 1695호(2006년 7월), 1718호(2006년 10월), 1874호(2009년 6월), 2087호(2013년 1월), 2094호(2013년 3월), 2270호(2016년 3월), 2321호(2016년 11월), 2356호(2017년 6월), 2371호(2017년 8월), 2375호(2017년 9월), 2397호(2017년 12월) 등 열 차례 제재 결의안이 채택되면서 이뤄졌다.

2016년 1월 북한의 4차 핵실험 이후 취해진 유엔 제재는 이전에 비해 강도가 높아졌다. 2016년 3월 유엔 안보리에서 채택된 2270호 결의안은 북한 수출입에 관련된 모든 화물 검색, 금지 항목 적재가 의심되는 항공기 이착륙·영공 통과 불허, 항공유 판매 금지, 소형 무기를 포함한 모든 무기 수입 금지, 각종 광물 수출 금지, 각종 사치품 수출 제한, 관련기관 추가 제재 등의 내용을 담고 있다.

2016년 9월 북한의 5차 핵실험으로 그해 11월 채택된 유엔 제재 결의안 2321호는 2270호의 민생 예외조항까지도 축소시키는 등 한층 강화된 조치이다. 특히 가혹한 제재로 평가받는 2371호는 2017년 7월 북한의 장거리 탄도미사일 화성-14형 발사에 대응해 유엔 회원국의 북한 해외노동자 고용 제한, 북한의 석탄·철·철광석 수출 전면 금지, 북한의 납·납광석·해산물 수출 금지 등을 담고 있다. 2017년 9월 6차 핵실험에 대응해 취해진 2375호는 더욱 강화되어 북한 해외노동자에 대한 노동허가 부여금지, 대북 유류 공급 제한, 북한의 섬유 수출 금지, 금지품목 의심 선박에 대한 검색 등을 담고 있다.

현재 북한이 받는 경제 제재는 폐쇄 국가인 북한이 아니면 감당할 수 없을 정도로 가혹하다. 주요 수출품인 석탄·철 등 광물뿐만 아니라 수산물·섬유 등도 수출할 수 없으며, 해외에서 노동자 취업도 금지되었고 석유 수입도 제한 받고 있다.

2019년 초 한국은 북한에 약품 타미플루의 인도적 지원에 합의했다. 하지만 이를 실었던 트럭의 국경 월경이 유엔 제재 결의안 위반이라며 유엔사령부 제지를 받아 무산됐을 정도다.

2장
북핵 문제 해법

북핵 문제가 불거진 후 국제사회는 이를 해결하기 위해 여러 가지 방안을 시도했다. 무력으로 북한 핵시설을 제거하는 방안, 봉쇄와 경제 제재로 북한을 항복하게 하는 방안, 대화와 협상으로 북한의 요구와 맞교환하며 북한 핵을 폐기시키는 방안 등 다양한 방법을 동원했다.

2장에서는 그간 국제사회가 북핵 문제를 풀기 위해 기울였던 노력을 분석하고 실질적 해법은 무엇인지 살펴본다. 그리고 북미 협상의 실태, 북한의 비핵화 의지와 경제 및 인권 상황, 북미 협상에서 미국 입장과 한국의 역할 등에 대해 알아본다. 아울러 협상에 부정적인 군산복합체, 일본의 보수 정치세력, 한국 보수 진영의 입장에 대해서도 살펴본다.

04 | 군사적으로 북핵 문제 해결할 수 있을까?

북한이 스스로 핵무기를 포기할 리 없다고 가정한다면, 해결 수단으로 가장 먼저 떠오르는 것은 무력을 동원해 북한 핵무기와 핵 시설을 제거하는 것이다. 한미의 월등한 공군력으로 북한 핵 시설을 폭격하는 방법이 과연 현실성이 있는지에 대해 살펴본다.

군사적 선제공격은 현실 가능한 카드일까?

북핵 문제를 해결하는 데 가장 먼저 생각할 수 있는 방법은 무력을 사용하는 것이다. 실제 미국의 클린턴 행정부는 1994년 1차 북핵 위기 발발 당시 북한 핵 시설에 대한 군사적 선제공격을 검토했다. 1994년 3월 북한이 핵확산금지조약 탈퇴를 선언하고 핵 연료봉 봉인을 파기했을 때, 클린턴 행정부는 영변 핵 시설을 폭격하기 위한 군사행동을 준비했다. 당시 윌리엄 페리 국방장관은 한반도에 패트리엇 미사일 배치 등 군비를 증강하면서 로스앨러모스 국립 연구소에서 전폭기를 동원한 영변 핵 시설 폭격을 시뮬레이션까지 한 것으로 알려졌다.

게리 럭 주한 미군 사령관은 전쟁 계획을 수립하고 그해 5월 워싱턴에 보고했으며, 국방부에서는 페리 장관을 비롯해 미군

1994년 캘리포니아 포인트 무구 지역의 태평양 연안에 폭탄 투하 훈련을 하는 B-2 폭격기. ⓒ미 공군(US Air Force) = 위키미디어

최고 수뇌부들이 모여 전쟁 계획을 최종 검토해 클린턴 대통령에게 보고했다. 결과는 끔찍했다. 전쟁을 개시하면 초기 3개월 내에 미군 사망자가 5만~10만 명, 한국군 사망자는 최소 50만 명, 한국 민간인 피해자는 수백만 명이 발생하고 재산 피해 규모가 1조 달러에 이른다는 것이었다.

그러나 한번 구르기 시작한 전쟁의 시계는 멈추질 않았다. 북한은 유엔 안보리 제재에 반발했고 미국은 이를 심각하게 받아

들여 전쟁 준비에 박차를 가했다. 게리 럭 장군은 6월 16일 국방부로부터 병력 증강 결정을 통보 받고 제임스 레이니 주한 미국대사를 만나 의논했다. 그들의 결론은 한국에 주재하던 미국 민간인을 빠른 시간 내에 소개(疏開)해야 한다는 것이었다. 레이니 대사는 당시 한국에 놀러 와 있던 세 명의 손자에게 급히 한국을 떠나도록 조치했다.

북핵 위기가 전쟁으로 치닫게 되자 지미 카터 전 대통령이 중재에 나서 평양을 방문했다. 카터는 김일성을 만나 3차 북미 회담 재개와 남북 정상회담 개최라는 합의를 이끌어 냈다. 그리고 급히 CNN에 출연해 김일성과 합의 사항을 알렸다. "지금 필요한 조치는 장기간 지연된 북미 회담을 재개하는 것"이라고 전 세계에 촉구함으로써 전쟁으로 달려가는 초시계를 멈추게 했다.

전쟁 계획이 중단된 것은 카터 전 대통령의 중재 때문이었지만 실제 이유는 다른 데 있었다. 전쟁 시뮬레이션 결과 미군의 폭격 이후 발생할 인명 손실이 예상보다 훨씬 컸기 때문이다. 전쟁이 합리적 이유와 과정을 거쳐 발발하는 건 아니지만 한반도에서 미국이 먼저 전쟁을 일으킨다는 것은 상상하기 어렵다. 민주주의 국가인 미국 대통령이 수백만 인명 손실이 뻔히 예상되는 무모한 결정을 내리는 게 쉽지 않기 때문이다. 한국에 와 있는 미국 민간인만 해도 20여 만 명에 이른다는 점을 감안하면 더욱 그렇다.

만일 지금 전쟁이 벌어진다면 어떻게 될까? 아마 1994년 당시와는 비교조차 되지 않을 정도로 피해 규모가 클 것이다. 그때와 다르게 북한이 다량의 핵탄두와 미사일 등을 보유하고 있기 때문이다. 한국은 자국 내에서 전쟁을 벌일 수 있는 국가가

못된다. 수도권에 2300만 명 이상의 인구가 밀집돼 북한의 방사포 공격을 감당할 수 없다. 1994년 당시 전쟁이 발발할 경우 북한이 12시간 내 5000여 발의 포탄을 발사해 서울이 초토화되고 수많은 사상자와 재산 피해가 발생할 것으로 추정됐다. 현재 군 당국은 북한이 유사시 수도권을 겨냥해 휴전선 일대에 배치된 170mm 자주포와 240mm 방사포 340여 문으로 1시간에 최대 1만 6000여 발을 쏟아 부을 수 있을 것으로 평가한다.

고리 원자력발전소 등 원전이 밀집된 위험 지역도 북한의 미사일 공격에 취약하다. 만일 원전에 미사일 공격이 가해질 경우 그 피해는 회복 불능의 방사능 누출, 인근 부산·울산 지역 주민의 인명 피해 등 감당할 수 없는 수준이 될 게 확실하다. 군사적 선제공격 카드는 결코 북핵 문제의 해법이 될 수 없다.

05 | 압박과 제재로 북한이 핵 포기할까?

군사력을 사용하기 어렵다면 북한 스스로 손들고 나오도록 무력으로 압박하고 경제 제재를 가하는 방법을 생각할 수 있다. 일부 전문가는 지금 북한의 경제 사정이 어렵기 때문에 강하게 제재를 지속하면 북한이 항복할 것이라고 주장한다. 힘으로 압박해 북한을 굴복시키는 방법의 실효성에 대해 알아보자.

북한을 봉쇄하고 압박하는 방안 실효성 있을까?

북핵 해법으로 생각할 수 있는 또 하나의 방법은 북한을 봉쇄하고 힘으로 압박해 스스로 포기하거나 무너지도록 하는 것이다. 북한이 스스로 핵무기를 폐기할 리 없기 때문에 북한 정권을 무너뜨리는 길만이 북핵 문제를 해결할 수 있다는 발상이다.
북한을 봉쇄하고 압박하기 위해서는 북한의 핵 위협에 대한 '억지'(deterrence)가 필요하다. 여기서 '억지'는 '겁먹게 하다'(terrere)는 뜻의 라틴어에서 유래했다. 한마디로 억지란 상대를 겁먹게 하는 전략을 말한다. 다시 말해 "내가 확실한 보복 능력을 갖고 있으니 만일 네가 나를 공격하면 너는 죽게 된다"는 뜻이다.
핵 억지력의 핵심은 확장억제와 미사일방어체계 도입이다.

사드 요격 미사일 테스트. ⓒ미국 미사일 방어국=위키미디어

그중 확장억제란 '미국의 핵우산'인데, 쉽게 말해 북한이 핵무기로 공격할 경우 그 보복으로 미국이 핵무기를 사용해 북한을 초토화시킨다는 것이다. 보복의 두려움 때문에 북한이 감히 핵무기를 사용할 엄두를 내지 못하게 하는 방안이다.

미사일방어체계는 '한국형 미사일방어체계'(KAMD)를 구축해 저고도에서는 국내 개발 요격 체계인 '천궁-Ⅱ'와 '패트리엇'이, 더 높은 고도에서는 '사드'(THAAD, 고고도미사일방어체계)와 '장거리지대공미사일'(L-SAM)로 북한의 탄도미사일을 요격하겠다는 구상이다.

이 같은 억지력은 실제 효과가 있을까? 한국의 일부 보수파 인사들은 미국의 핵우산 공약을 믿을 수 없다며 독자적인 핵무장을 주장한다. 미국이 북한의 대륙간 탄도미사일과 잠수함발사 탄도미사일로 인한 자국의 핵 공격 피해까지 감수하면서 한국을 방어하지 않을 가능성이 크다는 것이다. 미사일방어체계도 종심이 짧은 한반도 지형에서 한국을 방어하기에는 역부족이라는 평가를 받고 있다. 사드는 중장거리 탄도미사일을 하강 단계에서 요격하는 무기이기 때문에 한국 방어에는 적합하지 않다.

따라서 북한 미사일 주력 기종인 300~500km 사거리의 스커드 미사일 방어를 위해서는 패트리엇 미사일을 촘촘하게 배치해야 한다. 또한 천문학적 비용으로 패트리엇 미사일을 실전 배치한다고 해도 발사 후 4~5분 내 도착하는 북한 미사일을 요격할 수 있을지는 실전에서 아직 확인된 바 없다.

억지력 강화 경쟁은 남북 간 끝없는 군비증강의 악순환으로 이어진다. 북한의 군비증강은 저비용 핵무기 중심으로 이뤄질 것이므로 한반도는 시간이 흐를수록 점차 핵무기 화약고로 변해 갈 것이다. 국제정치학에서 말하는 '안보 딜레마'가 발생한다. 적대하는 두 국가 사이 한쪽이 안보를 튼튼히 하려고 군사력을 증강하면, 불안해진 상대방도 같이 군사력을 강화해 결국 양쪽이 서로 작용-반작용의 군비경쟁을 벌인 결과 두 나라 모두 안보가 취약해지는 상황이다.

북한을 봉쇄하고 경제 제재를 가하면 곧 붕괴할 것으로 기대하기도 어렵다. 미국은 6·25전쟁 발발 이후 북한에 대한 전면 금수를 시행한 이래 지금까지 70여 년 동안 경제 제재를 실시했다. 2006년 북한의 장거리 미사일 시험발사와 1차 핵실험 이후부터는 북한에 대한 경제 제재가 훨씬 강화됐다. 현재 북한은 국제사회로부터 그야말로 물샐 틈 없이 촘촘한 경제 제재를 받고 있다. 경제 제재는 과연 얼마나 효과가 있을까?

북한에 대한 제재가 효과를 보려면 중국의 참여가 관건이다. 그간 북중 무역의 변화 추이를 보면 유엔 안보리 제재에도 불구하고 총량에서 큰 변화가 없다. 제재 대상의 교역량은 줄지만 다른 부분이 늘어나는 풍선 효과가 발생한 것이다. 코로나19 발생 이후 교역량이 급격히 줄었지만 이는 제재 때문이 아니라 북한 스스로 국경을 걸어 잠갔기 때문이다. 중국의 기본 입장은 경제 제재로 북핵 문제를 풀 수 없다는 것이다.

경제 제재는 해당 국가의 정권을 약화시키기 보다는 오히려 강화시켜 준다. 소비재의 공급 부족으로 주민이 정부의 공적 원조에 의존할 수밖에 없는 상황이 발생하는데, 이로 인해 정권의 통제력이 강화되고 정권 반대파의 입지가 좁아지기 때문이다. 북한·쿠바·이란 등의 사례가 이를 입증하고 있다.*

경제 제재는 해당 국가의 집권층이 아닌 취약 계층에 타격을 준다. 1991~1998년 이라크에서 경제 제재로 인해 5세 이하 어린이 50여 만 명이 사망했는데, 그 이전과 비교할 때 영아 사망은 2배 이상, 5세 이하 어린이 사망은 6배 이상 증가했다. 유엔

---

* 레이건 미국 대통령의 군사 강경책이 소련의 해체를 불러왔다는 주장은 사실이 아니다. 고르바초프의 대미 정책 실무를 책임졌던 도브리닌 소련 국제부장은 "만약 레이건이 강경책을 지속하면서 협상을 거부했다면 고르바초프 역시 소련 내부에서 강경파의 반대에 부딪혔을 것이고, 그 결과 국내 개혁과 국제적인 개방을 시도하지 못했을 것"이라고 증언한다.

안보리도 이 점을 의식해 결의안 2270호에서 대북 제재가 북한 주민한테 인도적으로 부정적 영향을 미치려는 것이 아니라고 밝히고 있다.

봉쇄와 제재를 통한 북한 붕괴론은 북한에서 견고하게 작동되는 공안 기제와 북한의 붕괴를 바라지 않는 중국의 역할을 과소평가하고 있다. 더욱이 대북 압박 정책은 북한 지도부로 하여금 위기감을 갖게 해 개혁과 개방을 주저하게 만드는 부작용을 낳고 있다. 그간 추진된 봉쇄와 압박 일변도 정책은 북한으로 하여금 더욱 더 핵무기 고도화에 집착하게 만들었다. 북한 붕괴론은 북핵 문제를 해결하기는커녕 더욱 악화시켰다는 평가를 받고 있다.

북한이 비핵화 협상에 나서게 된 것이 경제 제재 때문인지는 의견이 엇갈리고 있다. 그러나 분명한 것은 경제 제재가 북핵 해법의 중심 수단이 될 수 없다는 점이다. 인류 역사상 동서고금을 막론하고 경제가 어렵다고 자국의 핵심 안보수단을 해체한 나라가 있었던가를 생각하면 이는 자명하다.

미국의 전술핵 재배치나 한국의 독자적 핵 개발은 어떨까?

한국의 일부 보수 인사들은 북한의 핵 위협에 맞서 미국의 전술핵 재배치를 주장한다. 과거 나토와 같은 방식으로 미국과 핵 공유를 통해 한반도에서 '공포의 균형'을 구축하자는 것이다. '공포의 균형'은 남북 양측이 서로 보복에 대한 두려움 때문에 감히 도발하지 못하는 상태를 일컫는 말이다. 냉전 시기 미국과 유럽의 나토 회원국은 핵 정보를 공유하고 상호 협의를 통해 공동으로 핵 계획을 수립·집행했다.

미군의 전술핵이 배치된 5개국은 자국의 전투기를 이용해 전술핵 중력탄을 투하하는 역할 분담도 맡았다. 그러나 핵은 공유되지 않았다. 핵무기 사용 여부를 결정하는 권한은 오로지 미국 대통령이 갖고 있었고, 워싱턴에서 직접 암호를 입력해야만 유럽의 전술핵은 작동됐다. 전술핵이든 전략핵이든 미국 소유 핵무기는 미국 대통령만이 사용 결정권을 갖는다. 미국의 전술핵을 한반도에 배치한다 해도 한국 정부의 권한은 아무것도 없다.

한국이 독자적으로 핵무기를 개발하는 방안도 현실성 없기는 마찬가지다. 기술적으로야 가능하겠지만 국제사회의 혹독한 제재 속에서 핵무기 개발을 추진한다는 것은 상상하기 어렵다. 한국은 북한과 달리 경제의 대외 의존도가 너무 높아 국제사회의 경제 제재를 한 달도 견뎌 내기 어렵다. 비밀리에 하면 되지 않겠느냐고 생각할 수도 있지만 국제원자력기구 사찰을 따돌리는 게 쉬운 일이 아니다. 2000년 초 대덕 원자력연구소에서 한국 과학자들이 호기심 차원에서 극소량의 우라늄 분리 실험을 한 사실이 알려져 국제적 문제로 비화된 적이 있었다. 국제원자력기구 사찰단이 한국 연구자들의 레이저 분리 장치 실험을 통한 우라늄-235 0.2g 추출을 적발했던 것이다.

06 | 협상을 통한 북핵 문제 해결은 가능할까?

북핵 문제를 해결하기 위해 지금까지 관련국 사이 대화와 협상이 있었지만 뚜렷한 결실을 거두지는 못했다. 협상이 성과를 내지 못한 이유는 무엇 때문이고 누구의 책임이 컸을까? 협상은 상대가 있는 것이기에 정도 차이는 있지만 당사자 모두에게 책임이 있다고 봐야 한다. 그간 전개된 협상을 분석하고 향후 전망에 대해 알아보자.

협상과 대화는 유일한 해결책인가?

북핵 문제를 평화적으로 해결하는 방법은 외교를 통해 푸는 길이다. 대화와 협상을 통해 북한의 안보 불안감을 해소시키면서 북한의 비핵화를 실현하는 방법이다. 북핵 문제를 해결하기 위해 국제사회는 양자 회담, 다자 회담 등 다양한 방법으로 대화를 시도했다.

다자 협상으로 북핵 문제의 해결 방안을 도출했던 게 2005년 9월 발표했던 '9·19 공동성명'이다. 남·북·미·중·러·일 6개국이 중국 베이징에서 2년여 지난한 협상 끝에 북핵 문제 해결의 큰 틀에 대해 합의하고 '9·19 공동성명'을 발표했다. 성명은 "북한은 모든 핵무기와 현존하는 핵 계획을 포기하고 핵확산

2005년 9월 19일 중국 댜오위타이(釣魚臺)에서 남북한, 미국, 중국, 일본, 러시아 등 6개국 수석, 차석 대표들이 참석한 6자회담 전체회의가 열렸다. ⓒ베이징=연합뉴스

금지조약에 복귀한다. 북미와 북일은 상호 주권을 존중하고 관계 정상화를 추진한다. 미·중·러·일·남 5자는 북한에 에너지를 지원한다. 직접 관련 당사국은 한반도의 영구적 평화 체제 협상과 동북아 평화·안보협력 증진을 모색한다"는 내용이었다.

 북핵 문제 해결의 열쇠를 쥔 북미 양자가 협상에 의해 해결 방안을 모색한 적이 세 차례 있었다. 1994년 '제네바 합의'와 2012년 '2·29합의', 그리고 2018년 '싱가포르 선언' 등이 바로 그것이다. 그중에서 북미 정상이 직접 만나 회담 종료 후 발표한 게 '싱가포르 선언'이다. 2018년 6월 싱가포르에서 김정은·트럼프 사이에 열린 최초의 북미정상회담에서 합의가 이뤄졌다. 북미 적대 관계 청산과 새로운 북미 관계 수립, 항구적이고 안정적인 한반도 평화 체제 구축, 북한의 완전한 비핵화 등의 내용이었다.

 대화와 협상을 통한 문제 해결은 이미 닦아 놓은 길을 따라

가기만 하면 된다. 즉 합의 내용을 이행만 하면 되는 것이다. 관건은 해결에 오랜 시일이 걸리기 때문에 끈기로 시간을 견디고 합의 이행 과정에서 상호 신뢰를 쌓는 것이다.

문제는 불신과 피로감이다. 북미 간 불신과 적대 관계는 양쪽 사회 내에 '적대적 공생관계'를 만들어 냈다. 북한은 미국으로부터 위협과 미국에 대한 적대감을 바탕으로 김씨 일가의 독재 체제를 공고화시켰다. 그리고 미국 군산복합체는 북한 위협론을 핑계로 군사 예산을 늘리고 군수산업의 호황을 누리고 있다. 북핵 문제는 '좌절-피로-방치-군비 강화-긴장 고조'의 악순환 고리에 걸려 있다.

대화와 협상을 강경론자들은 아예 유화적 태도로 매도한다. 협상은 자칫하면 수모와 굴욕으로 비칠 수 있다. 그러나 유화정책의 비판자였던 영국의 처칠 수상은 "약자의 유화는 무익하고 치명적이지만, 강자의 유화는 품위가 있는 평화의 길"이라고 말했다. 협상은 전쟁만큼이나 어렵다. 협상을 주장하는 사람은 자칫하면 정치적으로 몰락하기 쉽다. 또 극도의 불신 관계에서는 상대의 약속을 믿기도 어렵다. 그러나 폭력을 사용하지 않고 평화적으로 문제를 해결하는 데 협상 외에 다른 방법은 없다.

외교는 왜 성과를 내지 못했는가?

외교가 어려운 것은 협상을 통해 합의를 이끌어 내는 것도 어렵지만, 합의를 이행하기까지 시간이 오래 걸리고 그 과정에서 상호 신뢰를 구축하기 어렵기 때문이다. 국제분쟁과 갈등을 해결하기 위한 그간의 외교적 시도가 실패했던 것은 상호 신뢰를 구축하지 못한 데 원인이 있다. 지금까지 진행됐던 북핵 협상을 분석하고 시행착오에서 교훈을 찾아보자.

북핵 문제가 불거진 이후 외교를 통한 해결 시도는 그간 다섯 차례 있었다. 첫 번째는 1992년 1월 남북한 사이 합의했던 '한반도 비핵화 공동선언'이다. 1991년 소련이 해체되어 냉전 체제가 무너진 뒤 남북한은 '남북기본합의서'와 '한반도 비핵화 공동선언'을 도출해 냈다. 남한으로부터 미국의 전술핵 철수와 함께 남북한 핵 개발 가능성을 모두 차단하려는 미국의 의도와 냉전 종식 후 어려워진 대외 환경을 미국과 관계 개선으로 극복하려는 북한의 계산이 맞아 떨어진 결과였다. 그러나 이 합의는 북한 붕괴론이 유행하던 당시 미국의 소극적 태도로 북미 관계 정상화에 아무런 진척이 없자 북한이 반발하면서 백지화됐다.

두 번째는 1994년 10월 북미 사이 체결했던 '제네바 합의'이다. 북핵 의혹에 대한 국제원자력기구의 검증 과정에서 1차 북핵 위기가 발생해 전쟁 일보 직전까지 갔지만 북미 간 타협이 이뤄졌다. 북한은 플루토늄 생산을 포기하고, 미국은 북미 관계 정상화와 2000MWe 경수로 건설을 책임지기로 했다. 북한은 핵 프로그램을 폐기하기 전 미국이 경수로의 핵심 부품을 제공하고 북미 관계 정상화에도 나서 주기를 희망했으나 이는 비현실적 기대였다. 미국이 타국에 핵물질과 기술을 제공하려면 원자력 협정을 맺어야 하는데, 이는 상원 비준이 필요하다. 미국 상원이 외교 관계도 없는 북한에 대해 원자력 기술과 물질을 제공하는 협정 비준에 동의할 리 만무했다.

클린턴 행정부는 중간 선거를 앞두고 외교적 업적을 원했지만 북한에 대한 경수로 제공이나 관계 정상화 의지는 없었다. 당시는 김일성 사망 후 언론 등에서 북한 붕괴 시나리오가 난무하던 때였기 때문에 경수로 건설과 수교 이전에 북한이 붕괴하리라 기대했던 것이다. 2000년 부시 행정부가 출범하면서 클린턴 정부의 정책을 다 뒤집으며 '제네바 합의'도 파기되었다. 경수로 건설은 2005년 공식 폐기되었다.

세 번째는 2005년 9월 남·북·미·중·러·일 6개국이 합의했던 '9·19 공동성명'이다. 북한은 모든 핵무기와 핵 계획을 포기하며, 다른 5개국은 북미·북일 관계 정상화와 북한에 대한 경제협력, 그리고 경수로 제공 가능성을 제시한 합의였다. 포괄적 합의를 바탕으로 이행 과정에서 단계적 상호조치를 통해 점진적 방식으로 북핵 문제를 해결하겠다는 선언이다.

'9·19 공동성명'은 마카오 은행에 예치된 북한 자금을 미국 재무부가 동결시킨 방콕델타아시아(BDA) 사건 등으로 풍파를 겪었다. 하지만 합의 이행을 위한 2007년 2월 '2·13 합의', 2007년 10월 '10·3 합의'를 도출하고 비핵화 초기 조치인 핵 시설 불능화의 진전을 이뤄냈다. 그러나 2008년 말 핵 폐기의 검증 방식을 둘러싼 북미 간 이견으로 좌초하게 된다. 미국은 북한이 국제원자력기구에 신고한 모든 시설과 물질의 검증 방식을 미리 합의한 후 진행하자고 요구했다. 반면 북한은 불능화가 완료된 시설을 먼저 검증하고 다른 것은 실제 핵 폐기와 북미 관계 정상화가 이뤄지는 단계에서 합의할 것을 주장했다.

합의가 무산되고 6자회담이 무력화된 데는 북미 간 검증을 둘러싼 이견이 직접적 원인이었다. 하지만 그 배경에는 2008년 초 새로 등장한 이명박 정부가 북한 붕괴론에 기대를 걸면서 6자회담에 부정적인 미국 강경파와 한목소리를 냈던 데 원인이 있다. 당사자인 한국 정부가 협상 무용론을 주장하면서 강경한 입장을 취하고 잇달아 일본이 여기에 편승하면서 6자회담은 좌초됐던 것이다.

네 번째는 2012년 2월 북미가 합의했던 '2·29 합의'이다. 6자회담이 무력화된 상태에서 오바마 행정부는 북미 양자 협상을 통해 북핵 문제를 풀고자 했다. 오바마 대통령은 2009년 4월 프라하에서 '핵무기 없는 세계'를 선언하며 세계적인 핵 감축을 추진했다. '2·29 합의'는 미국이 북한에 24만 톤의 식량을 지원하는 대가로 북한은 핵실험과 핵 활동 중지, 장거리미사일 발사 유예, 국제원자력기구 사찰단 복귀 등의 내용을 담은 합의이다. 그러나 합의 직후인 그해 4월 북한은 은하 3호 로켓을 발사했다. 북한은 은하 3호가 위성용이라면서 위성용 로켓 발사는 합의에 위배되지 않는다고 주장했다. 결국 합의는 백지화되고 북미 간 불신의 골은 깊어졌다.

다섯 번째는 2018년 6월 싱가포르에서 김정은-트럼프가 합의했던 '싱가포르 합의'이다. 두 정상은 적대 관계 청산과 새로운 북미 관계 수립, 항구적이고 안정적인 한반도 평화 체제 구축, 북한의 완전한 비핵화 등의 합의를 이끌어 냈다.

그러나 2019년 2월 하노이에서 열렸던 2차 북미 정상회담은 1차 합의문의 구체적 이행 방안을 만들어 낼 것으로 기대됐지만 노딜(no deal)로 끝났다. 트럼프 대통령의 과욕 때문이었다. 북한에 대한 불신과 피로감이 만연한 미국 여론을 의식해 트럼프가 대북 경제 제재에서 아무런 양보도 없이 김정은에게 영변 핵 시설 폐기 외에 추가 조치를 요구했기 때문이었다.

외교를 통한 문제 해결은 오랜 시간이 소요될 수밖에 없다. 트럼프 대통령은 이를 의식해 기자 회견에서 "북핵을 완전하게 폐기하려면 수십 년이 걸리지만, 그 핵심 프로세스의 20%만 폐기하면 다시 되돌릴 수 없으니 사실상 완전한 비핵화"라고 말했다. 협상의 의미를 부각해 협상 동력을 유지하기 위한 지혜였다. 그러나 거기까지였다. 참모들과 제대로 된 소통도 없었고 협상 팀의 팀워크도 부재했던 원맨쇼였다.

북핵 문제는 역사적 뿌리가 깊고 해결 과정에서 동북아 안보 질서의 변화가 수반된다. 이해 관계자들이 많아 총론에서 합의를 이끌어 내는 것도 어렵지만, 합의 이행 과정에서 이견과 갈등이 숱하게 발생할 수밖에 없다.

미국은 북미 협상에서 한꺼번에 모든 것을 다 합의문에 담으려고 시도했다. 북한에 대한 불신 때문에 시간 끌기를 막기 위해 처음부터 북핵 해결의 입구에서 출구까지 모든 쟁점을 다 해결하기를 원했다. 상호 뿌리 깊은 불신 관계에 있던 북미 사이 협상에서 애초 불가능한 시도였다. '창의적 모호성'의 기술이 필요했다.

'창의적 모호성'은 협상의 묘를 살리는 지혜이다. 첫째, 쟁점에 대한 당사자 이견을 감안해 구체적으로 서술하지 않고 양쪽 입장을 다 포괄할 수 있도록 추상적으로 모호하게 표현하는 것이다. 양쪽의 주장을 다 포함하기 때문에 당사자는 대체로 자신에게 유리하게 해석한다. 둘째, 창의적 모호성은 각 진영 내의 강경파를 설득할 명분이 된다. 상대에게 양보했다는 내부 비판을 막기 위한 지혜이다. 셋째, 당장 해결하기 어려운 문제에 대해 미봉한 후 창의적으로 대응할 수 있는 여지를 남긴다. 여기서 쟁점에 대한 이견을 좁히는 것은 후속 노력의 몫이다. 물론 합의문 조항의 '모호성'은 언제나 갈등의 씨앗이 되어 애초 합의를 무산시킬 수도 있다.

07 | 북미 양자 협상, 북핵 문제 풀까?

북핵 문제 해결을 위한 북미 양자 협상이 여러 차례 시도되었지만 왜 아무런 결실을 거두지 못했을까? 양쪽 모두에게 책임이 있겠지만 어느 쪽에 더 문제가 많았던 걸까? 북미 협상의 쟁점을 분석하고 공방을 벌였던 북미 양측의 입장과 향후 전망에 대해 알아보자.

북미 협상에서 합의된 것은 무엇인가?

북핵 문제를 해결하는 데 양자 협상과 다자 협상 중 어느 게 더 낫다고 말하기는 어렵다. 양쪽 다 장단점이 있기 때문이다. 핵심 당사자 둘이 마주 앉아 대화를 하는 양자 협상은 간명하기 때문에 분명 더 효율적이다. 하지만 이견이 발생했을 때 협상이 깨지기 쉽다는 단점이 있다.

반면 관련 당사자 모두가 참여하는 다자 협상은 쟁점을 정리하고 해결책을 찾는 데 시간이 오래 걸리고 비효율적이다. 반면 불합리한 억지 주장을 억제시키고 불만을 가진 어느 일방이 쉽게 회담장을 빠져나가기가 어렵다는 장점을 갖고 있다.

남·북·미·중·러·일 6개국이 참여하는 다자 회담은 2003년 5월 미국의 부시 행정부가 제안함으로써 만들어졌다. 부시 행정부는 전임 클린턴 행정부의 '제네바 합의'에 대해 북한의 악행을 보상한 최악의 협상이라는 인식을 갖고 있었다. 따라서 북한과 양자 협상을 피하면서 북핵 문제의 부담을 각국에게 분담시키고, 제재 국면에서 공동보조를 유도하기 위해 다자 회담을 추진했다. 북한은 애초 다자 회담을 거부하고 북미 양자 회담을 집요하게 요구했다. 하지만 미국이 응하지 않고 중국이 앞장서서 6자회담을 추진하자 6자회담 내에서 북미 양자 회담을 제안하며 이를 수용했다. 실제 6자회담의 운영은 북미 양자 협상에서 주요 합의가 이뤄진 후 6자가 모여 마무리하는 방식으로 진행됐다.

북핵 해법을 담은 주요 문서는 6자회담의 결과물인 2005년 '9·19 공동성명'과 2018년 북미 정상회담의 결과물인 '6·12 싱가포르 공동 합의문'이다. 그중 '9·19 공동성명'은 차관보급 실무자 합의라면 '6·12 싱가포르 공동 합의문'은 북미를 대표하는 최고 지도자가 직접 만나 합의했다는 점에서 무게가 다르다.

70년 이상 적대했던 북미 양국의 정상이 만났던 세기의 담판이 2018년 6월 12일 싱가포르 센토사 섬에서 열렸다. 북미 두 정상은 회담 이틀 전 현지에 도착해 협상 팀을 직접 진두지휘하며 적대 관계 청산과 새로운 북미 관계 수립, 항구적이고 안정적인 평화 체제 구축, 한반도의 완전한 비핵화 등을 담은 합의문을 이끌어 냈다.

쌍방 간 요란한 기 싸움과 '벼랑 끝 전술'을 구사하며 실랑이를 벌였던 회담의 합의문치고 다소 싱거운 느낌이 들지만 그 행간에는 많은 내용이 들어 있다. 다수 언론은 '완전하고 검증 가능하며 되돌릴 수 없는 비핵화 폐기'(CVID) 원칙에 비춰 미흡하

2018년 6월 12일 싱가포르에서 북미 정상 김정은 북한 국무위원장과 도널드 트럼프 미국 대통령이 악수하고 있다. ⓒ위키미디어

다고 혹평했다. 하지만 정작 이 합의문의 핵심 키워드는 '상호 신뢰 구축'(mutual confidence building)과 '신속하게'(expeditiously)라는 문구다.

합의문 구조는 북미 간 적대 관계 청산과 새로운 관계 수립(1항), 한반도에서의 항구적이고 안정적인 평화 체제 수립(2항), 한반도의 완전한 비핵화(3항) 순서로 되어 있다. 이는 미국의 트럼프 행정부가 북핵 문제의 본질이 적대 관계 청산이라는 점을 인정했다는 것을 의미한다. 도덕적 공방으로 복잡하게 꼬인 북핵 문제 뿌리를 직시하고 문제 해결의 실질적 길을 연 것이다.

2항 '항구적이고 안정적인 평화 체제 수립'은 평화협정 체결과 북미 수교를 의미한다. 한반도에서의 평화 정착은 남·북·미·중 사이 평화협정 체결을 통해 '1953년 정전체제'를 마무리하고, 북미·북일 수교가 이뤄질 때 가능하기 때문이다. 3항 '한반도의 완전한 비핵화'는 1992년 1월 '한반도 비핵화 공동선언' 1항의 "남북 모두 핵무기의 시험, 제조, 생산, 접수, 보유, 저장, 배치, 사용을 하지 아니한다"는 내용을 재확인한 것이다. 북한의 비핵화를 포함해 북한에 대한 핵 위협도 없애는 한반도 전체의 비핵화를 의미한다.

하노이 북미 정상회담은 왜 실패했는가?

2019년 2월 베트남의 수도 하노이에서 열렸던 제2차 북미 정상회담은 아무런 합의도 이루지 못하고 끝났다. 회담 이후 양쪽 관계자의 말을 종합해 보면 영변 핵 시설 폐기 플러스 알파, 대북 경제 제재 완화 등에 대한 북미 양측의 이견으로 합의문 도출이 무산되었다. 회담 전 대미특별대표 김혁철과 대북특별대표 스티븐 비건의 실무 협상에서 영변 핵 시설 완전 폐기, 종전선언, 상호 연락사무소 설치 등의 합의를 이루고 대북 경제 제재에 대해서는 정상들이 논의해 결정하도록 했던 것으로 보인다. 그런데 확대 정상회담에서 강경파 존 볼턴 국가안보보좌관이 실무협상 합의를 무시하고 핵탄두, 탄도미사일, 생화학무기 등의 폐기까지 주장하면서 사달이 난 것이다.

하노이 회담을 통해 북핵 문제의 이슈가 간명해졌으며 북미 양측의 입장도 분명하게 드러났다. 북한은 영변 핵 시설을 미국 전문가의 입회하에 완전히 영구적으로 폐기하는 대신 2016년 이후 시행된 경제 제재 중 민수 경제와 인민 생활에 타격을 주는 항목을 해제해 달라고 요구했다.

반면 미국은 영변 핵 시설뿐만 아니라 다른 곳에 있는 우라늄 농축 시설도 신고하고 폐기해야만 제재 완화를 해줄 수 있다고 주장했다. 경제 제재에 대한 양측의 생각이 크게 달랐다. 북한은 자신들의 요구가 부분적 완화라고 생각했던 데 비해, 미국은 전면적 해제라고 여겼다. 미국은 대북 제재를 조금이라도 완화할 경우 구멍이 뚫린 둑처럼 제재 전체가 무너질 것으로 생각하고 있다.

두 차례 북미 정상회담을 거치면서 양측 의도와 입장은 다 드러났다. 북한은 북미 협상에 국가의 운명을 걸고 올인했던 것으로 보인다. 협상력을 높이기 위해 가용한 모든 자원을 다 동원했으며, 남측과도 접촉을 끊은 채 쌀 지원 등 인도적 지원마저 거부했다.

북한은 선제적으로 단행한 핵실험과 미사일 시험발사 중지에 대한 미국의 상응 조치가 없다며, 단계적 상호 행동으로 미국의 북한 체제 안전 보장을 요구했다. 먼저 한미 연합 군사훈련과 미국 전략 자산의 한반도 전진 배치를 즉각 중단하고, 영변 핵시설 폐기의 상응 조치로 경제 제재 해제나 부분 완화 등이 있어야 한다는 것이다. 또한 북핵 폐기 과정은 북한을 위협하고 발전을 저해하는 각종 제도들을 없애는 미국의 조치가 취해지면서 단계적 상호 행동으로 진행돼야 한다고 주장했다.

미국은 북한에게 먼저 비핵화의 최종상태(end state)와 그에 이르는 이정표(road map) 제시를 요구했다. 또한 북한이 약속한 영변 핵 시설 폐기 외에 은닉하고 있는 고농축우라늄 시설도 폐기할 것을 압박했다. 미국은 북핵 폐기의 입구와 출구가 포함된 포괄적 청사진이 나오기 전 경제 제재 해제는 어렵다는 입장이다. 현재 취할 수 있는 조치는 인도적 지원과 남북경협 재개, 북미 연락사무소 설치뿐이라는 것이다.

　북미 간 협상 타결이 어려운 이유는 미국의 핵심 요구사항인 북핵 폐기의 최종 상태인 핵무기, 핵 시설, 핵 인력에 대한 리스트 제시가 어렵기 때문이다. 이는 북미 간 오랜 적대 관계 속에서 서로 최소한의 신뢰조차 갖지 못한다는 점에 기인한다.

　북한은 자신이 먼저 리스트를 제시할 경우, 논란이 종식되고 다음 단계로 나아가는 게 아니라 오히려 미국 내 협상 방해 세력 때문에 논란이 더 증폭될 것으로 의심한다. 과거 2007년 6자 회담 당시 북한이 먼저 핵 시설 리스트를 제출했지만, 진위 논란만 더 커져 협상이 좌초됐던 경험이 있기 때문이다. 북한 입장에서는 핵 리스트만 공개하고 협상은 무산될 경우 국가 안보의 핵심적 전략 시설만 노출돼 추후 공습 목표가 될 것이라는 두려움을 가질 수밖에 없다.

　반면 미국 입장에서는 북핵 폐기의 전체 청사진과 일정을 확정하지 못한 채 단계적 폐기로 들어갈 경우, 북한의 지연전술로 인해 질질 끌려 다니며 비핵화 일정이 늦어질 것을 우려한다. 초강대국으로 전 세계를 상대해 리더십을 행사해야 하는 미국으로서 도저히 받아들일 수 없다는 것이다.

　하노이 회담 결렬 이후 미국 내 여론은 조야(朝野)를 막론하고 '배드딜' 보다 '노딜' 이 낫다는 평가가 대세를 이뤘다. 트럼프 대통령이 애써 회담 결렬을 선택한 것도 이 같은 자국 내 여론을 의식해서였음이 회담 후 드러났다.

　트럼프는 북미 정상회담 중에 민주당이 자신을 공격하는 청문회를 연 것 때문에 협상이 실패했다고 비난했다. 이는 자신이 회담 중 국내 정치를 의식했다는 점을 자인한 셈이다. 북미 협상에서 미국 내 여론은 중요한 상수가 돼버렸다. 북한이 제시하는 비핵화 조치가 언론과 의회에서 수긍할 수 있어야만 대통령이 합의할 수 있는 상황이 된 것이다.

트럼프에서 바이든 행정부로 정권이 바뀐 이후에도 사정은 크게 다르지 않을 것이다. 협상 타결을 위해서는 이제 김정은 위원장도 애초 자신이 생각한 것보다 더 높은 수준의 카드를 내놓지 않을 수 없다. 영변 외 지역의 우라늄 농축 시설에 대한 미 정보당국의 의혹 해결을 위한 조치가 불가피하다.

창의적 해법이 필요하다. 먼저 북미 협상의 목표를 낮춰야 한다. 신뢰가 바닥인 북미 관계 속에서 단번에 가장 높은 수준의 합의를 이끌어 내겠다는 생각은 과욕이다. 합의가 어려운 부분은 모호한 표현으로 처리하고, 추후 북핵 폐기의 실천과 평화 정착 과정에서 차근차근 신뢰를 쌓아 나가면서 보완하면 된다. 우선 시작하는 게 중요하다. 영변 핵 시설을 폐기하면서 신뢰를 쌓아 나간다면 그 다음 단계는 빠르게 진행될 수 있을 것이다. 정작 관건은 북미 합의가 미국 내 여론의 지지를 얻어야만 타결될 수 있다는 점이다. 김정은 위원장의 통 큰 결단이 불가피하고 이를 위한 한미 양측의 배려가 필요하다.

북미 협상의 어려움은 무엇일까?

북미 협상은 2018년 제1차 싱가포르 북미 정상회담과 2019년 제2차 하노이 북미 정상회담 등 두 차례의 정상회담을 거치면서 양측의 의도와 입장은 다 드러났지만 상호 불신 때문에 앞으로 나아가질 못하고 있다.

북미 사이 불신은 역사적 뿌리가 깊다. 북한은 6·25전쟁 때 미군의 폭격으로 엄청난 인적·물적 피해를 입었다. 미군이 전쟁 기간 사용했던 폭탄의 양은 무려 63만 5000톤으로 태평양전쟁 때 쓴 50만 3000톤 보다 더 많았다. 전쟁이 끝났을 때 북한의 주요 도시들은 완전히 파괴되고 남은 것이 거의 없었다. 북한의 22개 도시가 네이팜탄 공격을 받아 평양 75%, 흥남 85%, 원산 80%, 신의주 60%, 사리원 95%가 초토화되었다. 전쟁이 끝난 뒤 김일성이 "미군의 폭격으로 73개 도시가 지도에서 사라지고, 평양에는 단 두 채의 건물만이 남았다"고 보고했을 정도였다. 살아남은 북한 주민에게 미군의 폭격은 공포였으며, '미제에 대한 증오와 적개심'만 남았다.

미국은 6·25전쟁 발발 직후 북한에 대해 금수조치를 단행했으며, 전쟁이 끝난 이후에도 무역·투자·금융거래 등을 금지시켰다. 2006년 북한이 핵실험을 단행한 이후에는 유엔 차원의 경제 제재가 더해졌다. 유엔 안보리는 대북 제재 결의안 1718호를 필두로 1874호·2087호·2094호를 잇달아 의결하면서 강도를 높여 갔다. 2016년 이후에는 2270호·2321호·2356호·2371호·2375호·2397호 등이 더해졌다. 지금까지 취해진 북한에 대한 경제 제재는 지구상 어떤 나라도 겪어 보지 못한 초강경 제재로 평가 받고 있다.

미국이 북한에 대해 갖는 불신은 기본적으로 3대째 세습되는 독재 체제에서 비롯되지만, 북한 인권 문제가 불거지면서 더욱 악화되었다. 북한의 인권 문제는 매년 유엔 총회에서 인권결의

안이 채택되고 있을 만큼 국제적 이슈가 되었다.

2005년부터는 북한 인권 특별보고관이 임명되어 유엔 인권이사회에 매년 보고서를 제출하고 있다. 보고서는 북한의 식량 문제 등 사회권과 더불어 공개 처형과 연좌제, 정치범 수용소 등 자유권 문제를 다룬다.

2014년 2월 보고서는 북한에서 자행되는 인권 침해가 반인도적 범죄에 해당한다고 규정하고, 유엔 안보리에서 가해자들을 국제 형사 재판소에 회부해 처벌하라고 제안했다. 미국인 대다수는 북한 지도자를 자국민을 굶기며 국제사회의 규범을 어기고 군사적 도발만 일삼는 불한당으로 여기고 있다. 이 같은 미국 내 여론은 협상파의 운신 폭을 좁히고 있다.

북미는 6·25전쟁 이후 지금까지 적대시하며 북핵 문제가 국제적 이슈로 떠오르기 전까지는 직접적인 대화조차 없었다. 북미 간 직접 대화는 1992년 1월 김용순 조선노동당 국제부장과 미국 국무부 아놀드 캔터 정무차관의 만남을 시작으로 제네바 회담, 6자회담 등을 거치면서 공식·비공식 접촉이 있었지만 손가락으로 꼽을 정도이다. 북핵 문제처럼 역사적 뿌리가 깊고 복잡한 사안을 해결하는 데는 시간과 신뢰가 필수적 요소이다. 그런데 북미 간에는 무지와 불신밖에 없다.

08 | 북한은 비핵화 의지가 있는가?

대화와 협상은 북한의 핵 포기 의지가 있어야만 가능하다. 하지만 국내외 많은 사람은 북한의 비핵화 의지를 불신하고 있다. 북한 지도부의 핵 폐기 진정성을 어떻게 확인할 수 있을까? 북한의 비핵화 의지에 대해 알아보자.

'선대의 비핵화 유훈'은 무엇일까?

2018년 3월 북한을 다녀온 정의용 국가안보실장은 "비핵화는 선대(先代)의 유훈(遺訓)"이란 김정은 국무위원장의 발언을 소개하며, '한반도 비핵화 의지를 분명히 했다'고 전했다. 이에 대해 보수 언론은 융단 폭격을 가하면서 김일성의 비핵화 유훈이란 과거 주한 미군 전술핵 철수를 의미하는데, 그것도 모르고 북한의 기만적 주장을 수용한다고 비판했다.

'김일성의 유훈'이란 1992년 1월 남북이 공동으로 '한반도의 비핵화에 관한 공동선언'에서 비롯되었다. 박재규 경남대 총장은 2005년 6월 '6·15 5주년 민족통일대축전' 참가차 평양을 방문해 김정일 국방위원장을 만나 김일성 주석의 유언에 대해 직접 들은 얘기를 소개한 적이 있다. 박 총장은 김정일 위원장이 당시 아버지 김 주석 사망 전에 "미국이 대북 적대 정책을 중단하고 조선 권력 체제의 안전 보장과 경제적 보상을 약속하면 비핵화하라는 유언을 남겼다"고 전했다. 그러면서 '한반도 비핵화'는 김일성 주석과 김정일 국방위원장의 유훈이라고 강조했다.

보수 진영에서는 '김일성 유훈'은 기만적 전술로 사용되는 상투적 표현이라며, 북한이 말하는 '비핵화 유훈'이란 북한의 비핵화와는 아무런 상관이 없으며 '미제의 전술핵 철수'만을 의미한다고 주장한다. 1992년 당시 북한은 아직 핵을 완성하기 전인 데 반해 남한에는 주한 미군의 전술 핵무기가 있었다는 것이다. 북한은 1994년 미국 측 인사와 접촉하면서 자신들의 비핵화 의지를 강조하기 위해 최고 존엄의 권위를 빌어 '김일성 유훈' 또는 '선대의 유훈'이라는 말을 언급했다.

2005년 6월 대통령 특사로 방북했던 정동영 통일부 장관도 김정일 국방위원장이 언급한 "한반도 비핵화는 김일성 주석의 유훈이며, 비핵화는 여전히 유효하다"는 말을 전했다. 북한은 2013년 6월 국방위원회의 중대 담화 형식으로 북미 당국 간 고위급 회담을 제안하면서 "북한의 핵보유국 지위는 한반도 비핵화까지 한시적인 것이며, 한반도 비핵화가 선대 유훈이며 반드시 실현해야 할 정책적 과제"라고 밝혔다.

북한이 비핵화 의지를 강조할 때 사용하는 '김일성·김정일의 비핵화 유훈'은 단지 기만전술일까? 북한의 통치 구조상 기만전술의 방편으로 최고 존엄을 활용하는 건 생각하기 어렵다. 북한의 핵 보유와 비핵화 의지 강조의 논리적 구조를 살펴봐야 한다. 북한은 2005년 핵 보유를 천명했다. 2012년 개정 헌법 서문에 핵보유국임을 명기하면서도 "조선반도 비핵화는 김일성 주석의 유훈"이라는 점을 일관되게 강조해 왔다.
 북한의 논리는 이러하다. "핵 보유는 조선반도의 비핵화를 실현하기 위한 자위적이고 전략적인 선택"이며, 북한의 핵보유국 지위가 "조선반도 전역에 대한 비핵화가 실현되고 외부의 핵 위협이 완전히 종식될 때까지 추호의 흔들림 없이 유지될 것"이라고 주장한다. 즉 "남조선을 포함한 조선반도 전역의 비핵화와 우리에 대한 미국의 핵 위협을 완전히 종식시키는 목표가 달성되면 철회될 수 있는 전략적 선택"이라는 것이다.

북한의 비핵화 의지를 믿을 수 있을까?

북핵 문제가 오래 지속되고 피로감이 쌓여 많은 사람이 북한은 결코 비핵화를 하지 않을 것이라고 말한다. '미국의 소리'(VOA) 방송에 따르면 미국의 한반도 전문가 30명을 상대로 설문 조사 했더니, 응답자 대다수가 "북한의 비핵화 의지를 믿을 수 없고, 협상을 통해 비핵화를 이루긴 어렵다"고 답변했다고 한다.
 여기서 한 번쯤은 북한에게만 비핵화 약속을 지키라고 추궁하는 게 과연 공정한가를 생각해 볼 필요가 있다. 성공적인 대화와 협상을 이끌어 내기 위해서는 역지사지 정신이 필요하기 때문이다. 북한 비핵화의 진정성을 의심한다면, 상대편인 미국이 북한에게 해줄 안전 보장의 진정성 또한 의심해 봐야 하지 않을까?[1]
 북미 협상의 핵심은 북한 비핵화와 북한 체제 안전 보장의 맞교환이다. 그런데 북한 비핵화와 북한 체제 안전 보장이 비례하지 않는다는 데 어려움이 있다. 체제 안전 보장은 말(선언 또는 협정)로 하는 것이고, 핵 폐기는 행동(핵탄두·핵물질·핵 시설 제거)으로 하는 것이기 때문이다. 말과 행동 중에 어떤 것이 더 어려울까? 어떤 것이 더 파기하기 쉬울까? 북한 입장에서는 미국이 해줄 체제 안전 보장은 모두 말로 하는 것이기 때문에 상황이 바뀌면 언제든 폐기할 수 있는 반면, 핵 폐기는 되돌리기가 어렵다고 생각한다. 따라서 확실히 믿을 수 있는 담보를 요구하는 북한을 비난하는 건 사리에 맞지 않다.

미국 내 강경파는 북한 비핵화의 원칙으로 완전하고 검증 가능하고 되돌릴 수 없는 핵 폐기를 요구하는데, 실제 되돌리기 쉬운 건 행동이 아닌 말이다. 2002년 부시 행정부가 출범하면서 북미 간 '제네바 합의'를 일방적으로 파기했으며, 트럼프 행정부 시기에는 파리기후협정을 탈퇴하고 이란 핵합의를 파기했다.

현재 국제사회와 했던 약속을 깨면서 아무런 제재도 받지 않는 나라는 전 세계에서 미국밖에 없다. 더욱이 미국은 북미 관계에서 말로 할 수 있는 약속도 이행하지 않았다. 2006년 11월 부시 대통령은 북한이 핵을 포기하면 자신이 남북 정상과 함께 6·25전쟁 '종전 선언'에 공동으로 서명하겠다고 말했다. 단번에 평화협정 체결로 가기 어렵기 때문에 중간에 '종전 선언'을 하자는 아이디어였다. 이후 남북한 정상이 이에 호응하면서 2019년 1월 판문점 선언 3장 3항에 2019년 내 종전을 선언하기로 명문화했다. 그런데 정작 제안자인 미국이 이를 묵살하면서 합의는 이행되지 않고 있다.

북한의 진정성만큼이나 미국의 안전 보장 약속 또한 완전할 수 없다는 걸 이해해야 한다. 북한의 비핵화 의지를 집요하게 캐묻는 것만큼이나 한미 측의 '북한 체제 안전 보장'을 어떻게 해줄 수 있는지를 고민해야 북핵 협상은 성공할 수 있다.

북한의 '상호 행동에 의한 단계적 비핵화' 요구를 기만적인 살라미 전술로 매도해서는 안 된다. '북한 비핵화'와 '체제 안전 보장 조치'의 불비례에서 파생되는 북미 협상의 특성이라고 받아들여야 한다. 잘게 쪼개 시간을 질질 끄는 살라미 전술이 우려된다면 협상에서 핵 폐기의 로드맵과 일정을 담보 받을 수 있는 방법을 찾으면 된다.

국제정치 세계에서 다른 국가를 믿을 수 있느냐는 질문은 우문이다. '만인 대 만인의 투쟁'인 국제정치에서 타국을 믿고 자신의 운명을 맡긴다는 발상 자체가 어리석기 때문이다. 북한의 비핵화 약속을 믿고 안 믿느냐가 중요한 게 아니라 북한의 약속을 현실로 옮기도록 유도하고 관리하는 게 한미가 해야 할 일이다.

09 | 김정은 속생각은 무엇일까?

북한은 독재 체제 국가로 수령인 김정은이 모든 중요한 결정을 내리는 것으로 알려져 있다. 김정은은 핵 폐기 의지를 갖고 있을까? 핵 폐기처럼 중요한 결정은 김정은이 아니면 내릴 수 없다. 김정은의 속생각을 김정은의 발언과 주변 정황을 바탕으로 알아보자.

김정은 리더십은 어떤 특징이 있을까?

북한은 사회주의 국가이면서 수령제를 표방한다. 1967년 북한은 '유일사상 체계'를 만들면서 다른 사회주의 국가와 다르게 '수령 중심의 당 국가 체제'를 수립했다. 1980년대 중반에는 '사회정치적 생명체론'으로 발전해 수령제는 더욱 강화된다. "수령을 중심으로 당의 영도 밑에 인민대중은 조직 사상적으로 결속함으로써 하나의 사회정치적 생명체를 이룬다"는 것이다. 공산당이 국가를 이끌어 가는 전통적 사회주의 국가와 달리 북한은 김일성-김정일-김정은으로 이어지는 수령의 영도가 모든 국가기관을 통치하는 권력의 근원이다.

수령의 비중이 절대적인 만큼 북한의 향후 행보를 예측하려면 수령의 성향과 스타일을 살펴보지 않을 수 없다. 아버지 김

2012년 4월 15일, 김일성 100회 생일 대규모 군 열병식에서 제1위원장으로 추대된 김정은이 첫 연설을 하고 있다. ⓒ AP Photo/KRT via AP video =연합뉴스

  정일이 집권 시기 치밀하고 조심스러운 행보를 했던 데 비해, 김정은은 실리를 추구하면서도 과감한 리더십을 보여 주고 있다. 김정은은 1984년 1월 김정일과 고용희 사이에서 차남으로 태어나 어린 시절 동생 김여정과 함께 스위스 베른에서 유학 생활을 했던 것으로 알려져 있다. 2011년 12월 아버지 김정일의 사망으로 김정은이 권력을 이어받아 수령으로 등극하자 경제 회생과 인민 생활 개선에 관심을 집중했다.

  김정은 시대의 개막 연설로 평가되는 2012년 '4·15 연설'에서 김정은은 "세상에서 제일 좋은 우리 인민, 만난 시련을 이겨내며 당을 충직하게 받들어 온 우리 인민이 다시는 허리띠를 조이지 않게 하며, 사회주의 부귀영화를 마음껏 누리게 하자는 것이 우리 당의 확고한 결심"이라고 선포했다.[2] 산업 정책에서 중화학공업의 신규 투자를 줄이고, 경공업·건설 등 단기적 성과를 낼 수 있는 분야에 자원을 집중 투자하는 결정을 내렸다. 또한 장마당으로 대표되는 시장을 적극적으로 활용하고, 소비재 및 설비·중간재의 국산화, 과학기술 중시 정책 등을 추진했다.

김정은은 개혁·개방에서도 김정일에 비해 적극적이었다. 2013년부터 경제 개발구라는 새로운 형태의 대외 개방 정책은 종전의 경제특구 정책보다 진일보한 시도로 평가되었다. 하지만 2016년 1월 5차 핵실험 이후 한층 강화된 경제 제재와 북한의 투자 유치 정책의 한계가 겹쳐 별다른 성과를 거두지 못했다. '우리식 경제관리방법'과 '사회주의 기업책임관리제' 개혁 조치도 외부 자원 유입에 실패하면서 잘 진척되지 않고 있다. 김정은 시대 경제정책은 나름대로 의욕적인 시도임에도 불구하고 큰 틀에서 볼 때 기존의 경제발전 전략에서 크게 벗어나지 못했다는 평가를 받는다. 김정은은 아버지 김정일과 차별화를 시도하지만, 기본적으로 선대의 정책을 계승했다.

2013년 3월 조선노동당 중앙위원회 전원회의에서 발표한 '경제와 핵 무력 병진노선'은 핵 무력을 중심으로 군사력과 동시에 경제 건설과 인민생활 향상을 꾀하겠다는 두 마리 토끼를 잡는 정책이다. 하지만 병진노선으로는 경제 건설에서 성과를 거둘 수 없었다. 가뜩이나 부족한 국가 재원을 양쪽에 나눠 쓰는 방식으로는 애당초 한계를 지닐 수밖에 없었다.

그러나 핵무기 개발에서는 폭주한다는 평가를 받을 정도로 진척이 있었다. 2013년부터 2017년까지 네 차례의 핵실험을 거치면서 핵탄두의 소형화·다종화·규격화를 이뤄 실전 배치 수준까지 발전시켰다. 핵탄두를 실어 나르는 미사일 개발도 2017년 5월 중거리 탄도미사일 화성-12 시험발사, 2017년 7월 대륙간 탄도미사일 화성-14형과 화성-15형 시험발사, 2017년 2월 지상 발사용으로 개조해 발사한 잠수함 발사 탄도미사일 북극성-2형 시험발사 등을 성공시켰다.

  2018년 4월에는 조선노동당 중앙위원회 전원회의를 개최해 '경제 건설 집중노선'으로 전환했다. 기존의 '핵·경제 병진노선'이 성과를 거뒀고 이제 역사적 사명을 다했다는 것이다. 이제부터는 국가 재원을 군사와 경제 부문에 나눠 쓰던 정책에서 탈피해 경제 분야에 집중 투입하겠다고 선언했다. 2021년 정초에 열렸던 조선노동당 제8차 대회 주 의제는 경제 건설이었고, 그 방법으로 제시된 것이 '자력갱생 자립경제' 노선이다. 그러나 김정은의 의욕과 관계없이 가용 자원이 부족한 북한 현실에서 경제는 쉽사리 나아지지 않고 있다.

  김정은은 집권 후 일관되게 당·정·군의 정상화를 추진하고 있다. 전통적 사회주의 국가에서는 공산당이 정·군의 위에서 국가를 운영한다. 김일성 시대에는 당의 지도가 정치·정책적 차원을 넘어 행정 지휘까지 할 정도로 막강했다. 그러나 김정일 시대 '선군 정치'를 내세우면서 당의 지위를 약화시켰다. 당 운영도 중앙위원회·정치국 등 공식 의사결정기구를 무력화시키고 비서국 중심으로 운영함으로써 사당화되는 폐해가 발생했다.

  김정은은 집권 이후 이를 바로잡기 위해 조선노동당의 공식 의사결정 체계를 부활시켰다. 또한 2021년 1월 조선노동당 제8차 대회에서는 '인민대중 제일주의'를 천명하며 김정일 시대 비정상의 상징인 '선군 정치'를 공식적으로 폐기했다. 김정은은 1인 통치의 수령제를 유지하면서도 김정일 시대와 다르게 당에

힘을 실어 주며 시스템에 의한 통치를 추구하고 있다.

김정은은 변화된 현실에 맞게 조선노동당 규약도 바꾸었다. 북한은 헌법 11조에 "조선민주주의인민공화국은 조선노동당의 영도 밑에 모든 활동을 진행한다"고 함으로써 당 우위의 체제를 운영하고 있다. 따라서 조선노동당 규약은 최상위 규범이라 할 수 있는데, 조선노동당 제8차 대회 이후 당 규약의 주요 내용을 수정했다. '조선노동당의 당면 목적'으로 제시됐던 "전국적 범위에서 민족해방 민주주의 혁명 과업 수행"이라는 문구가 삭제되고 "전국적 범위에서 사회의 자주적이며 민주적인 발전 실현"으로 대체됐다. 또한 규약 서문의 "조선노동당은 사회의 민주화와 생존의 권리를 위한 남조선 인민들의 투쟁을 적극 지지, 성원"한다는 내용이 사라졌고, "민족의 공동 번영을 이룩한다"는 내용이 들어갔다.

규약 본문의 '당원의 의무'에서는 "조국 통일을 앞당기기 위해 적극 투쟁하여야 한다"는 문구가 대체 표현 없이 삭제되었다. 이는 1945년 12월 '민주기지론(북한은 남조선혁명과 조선반도 공산화의 전진기지라는 이론)'을 제창한 이래 유지해온 '북한 주도 혁명통일론'의 사실상 폐기이자 남북 관계 인식 틀의 근본적 변화를 뜻한다. 가히 북한이라는 국가 정체성의 변화라고 평가할 만하다.

김정은, 북핵 문제 해결할 의지가 있을까?

김정은 입장에서 고민이 많을 것이다. 6·25전쟁 이후 누대에 걸친 각고의 노력 끝에 개발한 핵무기가 아니던가? 핵무기 보유는 북한 체제의 안전 보장뿐 아니라 주변 강대국의 간섭을 배제하고 주체적으로 국가를 운영할 수 있게 해준다.

반면 국제사회의 경제 제재로부터 벗어나기 어렵게 하고, 북한 주민의 염원인 경제 회생에 필요한 외자 도입을 어렵게 한다. 또한 핵무기는 방어를 위한 억지력 강화에는 도움이 되지만 선제적으로 사용할 수 있는 무기가 아니다.

2020년 7월 김정은 북한 국무위원장의 동생 김여정 당시 조선노동당 제1부부장이 조선중앙통신을 통해 장문의 담화를 발표해 눈길을 끌었다. 김여정 담화는 양과 질 모두에서 매우 이례적이었다. 김정은의 의중을 반영한 것으로 A4 용지로 4매에 이를 만큼 많은 분량이었다. 김여정 담화는 2019년 2월 하노이 북미 정상회담 실패 후 북미 정상회담에 대한 김정은의 생각과 미국에 대한 메시지를 자세히 담고 있다.[3]

담화에서 "'비핵화 조치 대 경제 제재 해제'에서 '적대시 정책 철회 대 조미 협상 재개'의 틀로 바뀌어야 한다"며 최근 미국의 북한 인권 문제 언급, 테러 지원국 재지정 등 미국의 대북 적대시 정책을 비난하고 있다. 흥미로운 것은 미국에게 경제 제재 해제와 영변 핵 시설 폐기를 맞바꾸는 안은 다시 생각하지 말라면서도, 하노이 회담에서 거래조건이 맞지 않았음에도 불구하고 자신들이 위험을 무릅쓰고 북한 주민의 생활 향상을 위해 모험을 했다고 평가한다는 점이다.

또한 향후 북미 정상회담에 대해서도 언급을 하고 있다. 김여정은 "북미 간 심대한 이견이 존재하는 현재 상황에서 미국의 입장 변화가 없는 한 정상회담은 아무 실리가 없고 무익하다면서도 두 수뇌의 판단과 결심에 따라서는 달라질 수 있을 것"이라고 말했다. 김정은의 속내가 미국의 입장 변화만 있다면 정상회담을 하고 싶다는 것으로 읽히는 메시지이다.

북미 접촉과 관련해서도 언급을 하고 있다. 김여정은 "미국 독립절 기념행사를 수록한 DVD를 개인적으로 얻으려 한다는 것을 김정은으로부터 허락받았다"고 밝혔다. 이는 자신과 급이 비슷한 수준의 북미 간 고위급 비밀 접촉을 하고 싶다는 메시지이다. 김여정 담화를 통해 드러난 김정은의 속생각은 북미 정상회담만이 북한이 처한 난관을 돌파할 효과적 방법이라고 판단하고 있는 듯하다. 실무회담도 정상의 의중을 꿰뚫는 측근이 나와 속전속결로 진행하는 톱다운 방식을 원하고 있다.

조선노동당 제8차 대회에서 김정은 메시지는 무엇인가?

코로나19 위기가 절정에 달한 2021년 정초 북한에서는 조선노동당 제8차 대회가 열렸다. 조선노동당이 주도하는 북한 사회에서 당 대회는 향후 수년간 국가 운영의 기조를 결정하는 중요한 행사이다. 당 창건 이후 76년 동안 당 대회가 여덟 차례밖에 열리지 않았으니 평균 10년 만에 한 번씩 했던 셈이다.

김정은 총비서는 1월 5일부터 7일까지 무려 9시간의 사업 총화보고를 했다. 경제 제재·자연재해·코로나19로 인한 고립 등 삼중고 속에서 어떤 대외적 메시지를 내놓을지 주목받는 상황에서 무력 도발과 유화 메시지 사이 중간을 선택했다. 북한은 '자력갱생 자급자족'의 길을 가겠다면서, 남한에 대해서는 '요구에 화답하는 만큼, 남북 합의 이행을 위해 움직이는 만큼' 만, 미국에 대해서는 '강대강 선대선' 원칙에 따라 상대하겠다고 천명했다. 남북·북미 관계의 문을 닫지는 않겠지만 먼저 손을 내밀지도 않겠다면서 공을 한미 측에 넘겼다. 북한 판 '전략적 인내'인 셈이다.

김정은이 개회사에서 "국가경제개발 5개년 전략 수행 기간이 지난해로 끝났지만, 내세웠던 목표는 거의 모든 부문에서 엄청나게 미달되었다"고 고백한 것은 북한 주민의 험악한 여론을 의식해서였을 것이다.

북한의 어려운 경제 사정은 객관적 지표를 통해서도 확인된다. 통계청이 2020년 12월 발표한 '2020 북한의 통계지표'에 따르면 식량 부족으로 북한의 곡물 수입이 전년 대비 242% 급증했다. 또한 북한의 국내총생산은 3년 동안 마이너스 성장을 하다 2019년 0.4% 증가로 돌아섰지만, 남북 간 소득 격차는 더 벌어졌다.

이 같은 상황 속에서 2018년 하노이 북미 정상회담의 실패는 김정은 입장에서 뼈아플 것이다. 인민들에게 북미 협상 타결을 통한 경제난 해결에 기대를 잔뜩 부풀려 놓고서는 막상 빈손으로 귀국했으니 말이다. 리수용 당 국제부장과 리용호 외무상의 2019년 말 해임, 그리고 조선노동당 제8차 대회에서 친동생 김여정의 강등과 정치국 후보위원 탈락, 최선희 외무부상 강등도 협상 실패에 따른 책임 추궁의 불가피한 인사 조치였을 것이다.

김정은은 총화보고에서 "미국에서 누가 집권하든 미국이라는 실체와 대조선 정책의 본심은 절대 변하지 않는다"며 미국에 대한 불신을 내비쳤다. 그리고 "새로운 조미 관계 수립의 열쇠는 미국이 대조선 적대시 정책을 철회하는 데 있다"며 미국의 선 변화를 요구했다.

북미 협상에 대한 이 같은 소극적 자세는 과거 영변 핵 시설 영구 폐기라는 카드를 먼저 꺼냈다가 무시당했던 뼈아픈 경험도 작용했지만, 협상 전망에 대한 부정적 인식 때문으로 보인다. 새로 출범한 미국의 바이든 행정부가 당분간 코로나19 사태 수습에 전념할 수밖에 없어 대외 문제에 모험하기는 어렵고, 한국의 문재인 정부도 임기 말 레임덕으로 큰 기대를 걸기 힘들다는 판단이 깔려 있을 것이다. 김정은이 던지고자 하는 메시지는 협상을 하지 않겠다기보다 상대방이 먼저 양보해 달라는 주문이다.

김정은의 보고 내용 중에는 먼저 도발은 하지 않겠지만 북한을 자극할 경우 상대방 역시 낭패를 당할 것이라는 메시지가 도처에 넘쳐 난다. 전형적인 '고슴도치 전략'이다. 그러나 이 전략은 성공하기 어렵다. 외부 도움 없이는 '자력갱생 자립경제'를 이룩하기 어렵기 때문이다. 전력·기계·화학공업 등 기간산업이 모두 망가진 상태에서 대규모 외자 투입 없이 북한이 자력으로 경제를 회생시키기는 어렵다. 따라서 김정은이 당 대회에서 말하지 못한 숨은 메시지를 읽을 필요가 있다.

한국이 미국을 설득해 북한이 원하는 협상 조건을 만들어 달라고 요구하고 있다. 김정은은 남북 관계의 원칙으로 근본 문제부터 풀어 나가려는 입장과 자세, 적대행위 중지, 북남 선언의 성실 이행 등 3가지를 제시했다. 그리고 "남조선 당국의 태도 여하에 따라 가까운 시일 안에 북남 관계가 다시 3년 전 봄날과 같은 평화와 번영의 새 출발점으로 돌아갈 수도 있을 것"이라고 말했다.

  한국에 대해 방역 협력, 인도주의 협력, 개별 관광 등과 같은 비본질적 문제를 꺼내 들고 남북 관계 개선에 관심 있는 듯한 인상을 준다고 비난하지만, 이는 비본질 사안에 대한 협력 거부가 아니라 근본 문제에 집중해 달라는 주문이다.[4]

10 | 북한 경제는 자력갱생할 수 있을까?

> 2021년 1월 조선노동당 제8차 대회에서 북한은 '자력갱생 자립 경제'의 길을 가겠다고 천명했다. 외부 도움 없이 북한 경제가 회생할 수 있을까? 북한 경제는 1990년대 경제난을 거치면서 파탄 났다. 하지만 최근 평양 거리나 백화점 등의 사진을 보면 꽤 풍요로워 보인다. 북한 경제는 현재 어떤 상황일까?

북한 경제, 현재 어떤 상황인가?

가뜩이나 어려웠던 북한 경제가 코로나19 팬데믹을 거치면서 더욱 악화되고 있다. 북한 당국은 코로나19 발생 초기 국내의 취약한 의료 시설 등으로 코로나 전염을 감당할 수 없다고 판단해 철저한 봉쇄 조치를 단행했다.

 북한 내부 소식통에 따르면 북한 당국은 북중·북러 국경을 완전 봉쇄하고 모든 밀무역을 금지시켰는데, 국경 지역의 밀수꾼들도 알아서 스스로 밀수에 나서지 않는다고 한다. 돈 벌겠다고 중국에 갔다가 코로나에 감염되면 죽을 수도 있고, 또 발열 증상이 나타날 경우 보위부의 철저한 동선 조사로 밀수 루트나 중국 대방·국경 경비대 협조자 등이 들통나기 때문이다. 물론 모든 무역 통로가 막힌 것은 아니고 주요 국가 기관이나 외화벌이 기관에서 필요한 물품은 선별적으로 통관시키고 있다. 하지만 그것도 엄격한 절차를 거쳐 이뤄진다고 한다.

따라서 2021년 현재 북한 주민에게 필요한 각종 물품이 크게 부족한 상태이다. 이로 인해 북한의 시장인 장마당도 파리만 날릴 정도로 한산하다는 것이다. 일부 지역에서는 보릿고개를 맞아 아사자까지 생겨난다고 한다.

코로나19 사태는 세계 경제를 위기로 몰아넣었다. 대부분의 국가가 코로나 확산 방지를 위해 강력한 사회적 거리두기와 봉쇄 정책을 실시하면서 생산·분배·소비 등 제반 경제 활동이 일시에 위축되었다. 북한 경제는 그중 더욱 심한 어려움을 겪고 있다. 한국개발연구원(KDI)에 따르면 2020년 북한이 받은 경제 충격이 과장하면 과거 식량난으로 수많은 아사자가 발생했던 '고난의 행군' 초기와 비슷하다고 한다. 북한 경제가 1994년과 마찬가지로 제재 쇼크라는 추세적 충격과 코로나 쇼크라는 즉시적 충격을 동시에 받아 심각한 상태라는 것이다.

그렇다고 북한의 경제 위기가 파국에 처할 것으로 보는 전문가는 별로 없다. 북한의 내수 시장이 과거에 비해 크게 확대됐을 뿐만 아니라 활발하게 돌아가기 때문이다. 또 국내에서 생산되는 국산품이 시장에서 인기가 높아 생필품의 지속적 생산이 이뤄진다. 북한의 경제 상태를 가늠하는 지표인 쌀값과 환율 동향을 봐도 파국의 조짐은 없다. 대다수 북한 연구자는 이번 위기가 과거 1990년대 '고난의 행군'처럼 전 사회적 혼란이나 경제 붕괴 양상으로 치닫지는 않을 것으로 보고 있다.

북한 경제는 1980년대 이후 왜 몰락했는가?

해방 후 북한은 일제의 주요 공장과 발전 시설이 북쪽에 위치해 공업화에서 남한보다 앞섰다. 또한 소련의 후원으로 친일파 청산과 토지개혁을 신속하게 마무리하면서 근대국가 건설에 매진할 수 있었다. 6·25전쟁을 거치면서 북한 전역이 폐허로 변했지만 전후 북한은 놀라운 속도로 국토를 복구하고 경제를 일으켰다. 1950년대 중반부터 약 10여 년 동안 북한의 경제성장률은 연평균 13%로 당시 세계 최고였다. 같은 기간 남한의 성장률 3%에 비교할 때 놀라운 성장세였다.

1960년대 중반부터 군비증강에 치중한 정책, 자립적 민족경제를 목표로 한 내향적(內向的) 공업화 전략의 문제점이 드러났다. 여기에 사회주의 경제의 비효율이 더해지면서 북한 경제는 점차 성장 동력을 잃게 된다. 또한 1956년 8월 종파사건, 1967년 갑산파 숙청 등으로 북한 사회는 김일성 일인독재로 바뀌며, 사회주의 체제의 전체주의적 속성과 맞물려 정책 토론과 내부 활력까지 사라지게 된다.

1980년대에 들어서는 탄광의 심부화(深部化) 등으로 인해 석탄 생산량이 감소하자 전력 생산이 줄어들고 기계·화학 공업이 파탄 나며 경공업 및 농업 생산량이 줄어드는 악순환에 빠졌다. 1980년대 중반 소련의 고르바초프 집권 이후에는 외부 여건까지 악화되면서 북한 경제는 파탄 상태로 치닫게 됐다.

1980년대 후반에서 1990년대 초반 소련의 해체와 동구 사회주의 국가들의 잇따른 몰락으로 북한에 대한 외부 지원이 끊겼다. 그리고 홍수와 냉해 등 자연재해까지 겹치면서 아사자가 대

2004년 북한 평양시 락랑구역에 있는 통일거리시장의 내부. ⓒ평양 조선중앙통신=연합뉴스

규모로 발생하며 '고난의 행군'에 들어가게 된다. 이 시기를 거치면서 북한 경제는 근본적으로 변화했다. 사회주의 경제의 핵심 축인 배급제와 예산 배정에 의한 계획경제가 중단되면서, 북한 주민은 스스로의 힘으로 생존을 도모해야 하는 처지에 내몰렸다.

공장이 멈추고 식량 배급이 중단되자 주민들은 돈이 될 만한 물건을 닥치는 대로 집에서 갖고 나와 거리에서 팔아 그날 먹을 식량을 샀다. 이렇게 북한 주민이 물건을 사고팔던 곳이 훗날 장마당이 되었다. 북한 전역에 자리 잡은 수백 개의 장마당과 종합시장은 북한 사회와 주민의 삶을 완전히 바꿔 놓았다.

북한 경제, 스스로 회생할 수 있을까?

1990년대 '고난의 행군'을 거치면서 북한 당국은 장마당으로 대표되는 시장을 묵인하고 허용한다. 김정은 정권에 들어서서는 기업의 생산성을 높이기 위해 개별 기업에 자율권을 주는 독자경영제, 농민들의 생산 의욕을 높이기 위해 소규모 단위의 자율적 농사를 허용하는 포전제 등 개인의 이윤 동기를 자극하는 정책을 도입했다.

근래 활력이 넘치는 평양 거리와 각종 소비품으로 가득한 백화점 사진을 보면 이러한 정책은 일견 효과를 거두는 것 같다. 그러나 김정은 정권이 개혁·개방 노선을 공식적으로 채택하지 않는 이상 북한 시장의 발전은 어렵다는 게 중론이다.

시장이 정상적으로 작동되기 위해서는 금융 등 수많은 경제 인프라의 뒷받침이 필요한데, 지금의 북한은 원시경제 수준에 머물고 있기 때문이다. 2009년 화폐 개혁의 학습 효과로 북한 주민 대다수가 은행을 외면하는 현실이 이를 보여 주는 단적인 사례이다. 김정은 정권 출범 이후 경제성장률 추이를 봐도 상황이 좋지 않다. 최근 5년의 수치를 보면 2014년 1.0%, 2015년 -1.1%, 2016년 3.9%, 2017년 -3.5%, 2018년 -4.1%, 2019년 0.4% 등 매우 좋지 않다.[5]

북한 경제, 스스로의 힘으로 회생할 수 있을까? 전력·기계·화학 공업 등 기간산업이 붕괴됐고, 국제적으로 통용되는 경제 인프라가 절대 부족한 북한 현실에서 자력으로 일어서기는 어렵다. 기간산업과 경제 인프라 건설에 필요한 천문학적 규모의

자금을 북한 스스로 마련할 수 없기 때문이다.

　북한 경제의 회생을 위해서는 대규모 외자 도입이 불가피하다. 김정은 정권의 고민이 바로 여기에 있다. 북한 체제를 지키기 위해 기껏 핵무기를 개발했는데, 정작 외자 유치를 위해서는 핵무기를 포기해야만 하는 처지에 놓인 것이다.

11 | 북한의 인권 문제, 개선 방안은 무엇일까?

북한의 인권 상황이 열악하다는 데는 전문가 사이에 이견이 없다. 1990년대 식량난을 거치면서 북한의 인권 실태는 더욱 악화되었다. 유엔을 비롯한 국제사회는 2003년 이후 북한의 인권 문제에 대해 꾸준히 문제를 제기하고 개선을 촉구하고 있다. 북한의 인권 실태를 알아보고 개선 방안을 고민해 보자.

북한 인권, 실상은 어떨까?

북한 인권 문제가 국제사회 이슈로 부각된 것은 1990년대 식량난을 거치면서 대규모 탈북자들이 발생하면서부터다. 탈북자 증언을 통해 북한의 심각한 인권 침해 사례들이 알려지면서 국제사회는 북한의 인권 문제에 주목하게 되었다.

북한 인권 문제에 대한 국제사회의 문제 제기는 2003년 제59차 유엔인권위원회에서 북한 인권결의안을 채택하면서 시작했다. 이후 북한 인권 상황이 별다른 진전이 없자 유엔 총회는 우려와 시정을 촉구하는 북한 인권결의안을 2005년 이후 지금까지 매년 채택하고 있다.

유엔 총회의 북한 인권결의안 표결을 보면 2005년 처음 채택될 때만 해도 88개국이 찬성했다. 이후 2011년 123개국으로 찬성 국가의 수가 늘어났으며 2012~2013년과 2016년 이후에는 표결 없이 합의 처리되었다. 북한 인권결의안 채택을 주도하는 국가는 유럽연합이다. 인권과 민주적 가치의 확산을 중시하는 유럽연합이 공동 제안국의 의견을 수렴해 결의안 채택을 주도하고 있다.

유엔의 북한 인권결의안 채택은 선언적으로 이뤄지다가 2014년을 기점으로 질적으로 변화했다. 2014년 유엔 북한인권조사위원회(COI)가 발표한 보고서를 통해 북한에서 벌어지는 인권 침해 행위가 반인도 범죄에 해당된다는 결론을 내리고 유엔 안보리에 가해자의 처벌을 권고하는 내용을 담았기 때문이다.

북한인권조사위원회는 보고서 결론에서 "조직적이고 광범위하며 중대한 인권 침해가 북한의 정부, 기관 및 당국자에 의해 이뤄졌고, 현재도 이뤄지고 있다"고 밝혔다. 그리고 인권 침해 가해자로 조선노동당의 핵심 기관, 국방위원회와 북한 최고지도자의 통제 아래 활동하는 국가안전보위성, 인민보안성, 조선인민군, 검찰소, 재판소, 조선노동당 관료 등을 지목했다.

유엔 인권이사회와 총회는 안전보장이사회에 가해자에 대한 국제형사재판소 회부를 권고했다. 유엔 안보리는 북한의 인권 문제를 평화와 안보에 관련된 사안으로 간주해 2014년부터 3년 연속 의제로 채택했다. 물론 안보리 상임이사국인 중국과 러시아가 반대하기 때문에 북한 수뇌부를 국제형사재판에 회부할 가능성은 없지만 북한 지도부가 느끼는 중압감은 과거와 다를 것이다.

유엔의 움직임에 발맞춰 미국은 2016년부터 4회에 걸쳐 북한의 개인 32명과 기관 13곳에 인권 제재를 가했다. 미 재무부의

'특별지정제재 대상'(SDN)에 오르면 미국인 및 미국 기업·금융 기관과 거래가 금지되며 미국 입국도 할 수 없다. 재무부의 제재는 미국법에 근거하지만 국제적으로 광범한 영향력을 갖고 있어, 이 명단에 포함되면 국제 은행 시스템을 활용한 금융자산의 보유와 이동이 불가능하게 된다.

유럽연합 이사회도 2021년 3월 북한의 정경택 국가보위상, 리영길 사회안전상 개인 2명과 중앙검찰소에 인권 침해를 이유로 제재 조치를 취했다. 제재 대상에 오르면 유럽연합 내 모든 자산이 동결되고 금융 거래가 금지되며 입국도 할 수 없다. 영국도 2020년 7월 북한의 국가보위성 7국과 사회안전성 교화국 등에 대해 인권 제재를 부과했다.

이에 대해 북한 외무성은 유엔 인권이사회와 총회에서 채택된 북한 인권결의안이 "허위와 날조로 일관된 악선전 문서"라며 전면 거부한다고 발표했다. 유엔이 특정한 인권 기준에 의한 내정간섭 행위를 벌인다면서, 서방을 추종하는 나라의 인권 유린 행위는 묵인하면서 서방과 다른 정치제도를 가진 나라에 대해서만 선택적으로 결의안 대상을 삼는다고 비난했다.

한편 북한은 국제적 고립 탈피를 위해 체제 유지에 지장이 없는 범위에서 유엔의 요구를 수용하고 있다. 유엔의 인권협약에 선별적으로 가입하고 유엔의 권고 사항을 국내법으로 수용했다. 헌법을 개정해 거주와 여행의 자유 조항(제75조)을 신설했으며, 형법과 형사소송법을 개정해 국제인권규범을 국내법으로 수용하는 조치를 취했다. 물론 이러한 법률적 권리가 실제 현실에서 주민의 권리 보장으로 연결될지는 그간 북한의 인권 의식과 관행 등을 감안할 때 불확실하다.

미국의 인권 공세, 어떻게 봐야 할까?

바이든 행정부는 2021년 2월 출범하자마자 중동의 동맹국 사우디아라비아를 상대로 인권 침해 혐의로 반체제 언론인 자말 카슈끄지 암살에 연루된 인사들을 제재했다. 뒤이어 3월 일본과 한국을 방문했던 토니 블링컨 국무장관은 중국과 북한의 인권 문제를 언급했다. 블링컨은 "북한의 권위주의 정권은 자국민에 대한 체계적이고 광범위한 학대를 계속하고 있다"며 북한의 인권 문제를 거론한 후, 향후 대북 정책은 "북한의 완전한 비핵화와 북한 주민의 삶 개선을 목표로 압박과 외교적 방법을 동원하겠다"고 말했다.

인권 문제가 국제 관계의 영역으로 들어온 것은 제2차 세계대전 이후 일이다. 나치에 의한 유대인 학살을 경험한 국제사회는 국가 권력에 의한 대규모 인권 유린에 대해 공동으로 대처해야 한다는 공감대 속에 유엔 창설 시 유엔 헌장에 인권 조항을 포함시켰다. 그 뒤 인권 보호를 위한 각종 협약이 제정되고 인권 레짐이 구축됐다. 1990년대 냉전 종식 이후 인권은 인류의 보편적 가치로 더 이상 국내 문제로만 취급해서는 안 되고, 국제사회에 의해 보호돼야 한다는 공론이 형성됐다.

북한 당국은 미국과 국제사회의 인권 개선 요구를 북한 체제를 무너뜨리기 위한 공세로 받아들인다. 제국주의 세력이 인권을 명분으로 북한 체제를 전복하고 정권을 교체하려 한다는 것이다. 나라와 민족마다 역사·풍습·경제·문화발전의 수준과 생활방식 등 조건이 다른데, 특정 국가의 기준을 획일적으로 적용할 수 없다는 논리로 반박한다. 「노동신문」은 2018년 11월 유엔 총회에서 북한 인권결의가 통과되자 "미국의 터무니없는 광대극"이라며, "지금 미국은 우리의 핵 문제가 조미 관계 개선의 걸림돌인 것처럼 운운하지만, 그것이 풀려도 인권 문제로 또 물고 늘어질 것"이라고 미국을 비난했다.

북한 당국은 유엔의 북한 인권결의안 채택에 대해 미국이 조종한 모략극이라고 비난하지만, 유엔의 인권결의는 유럽연합이 주도하고 있다. 2000년대 초반 유럽연합은 북한과 수교 교섭 과정에서 인권 문제를 제기했다가 북한의 반응이 없자 유엔 인권위원회를 거쳐 2005년부터 매년 총회에서 결의안 채택을 주도하고 있다. 이에 대해 북한의 대응은 강력 거부와 인권 대화 시사, 유화적 제스처와 핵 무력 대응 시사 등 강온 양면책을 구사한다.

서구의 인권 공세에 대해 '문화 상대주의'를 내세우며 수세적으로 대처했던 중국에서 1990년대 중반 이후 보편적 인권 개념이 수용되고 인권 개선이 이뤄졌던 사례를 한번 곱씹어 볼 만하다. 1997년 5월 장쩌민 중국 국가주석은 시라크 프랑스 대통령과 정상회담 뒤 공동성명에서 "인권 보호와 촉진은 유엔 헌장의 정신과 원칙, 그리고 인권의 보편성에 기초해야 한다"며 처음으로 보편적 인권 개념을 받아들였다.

그해 10월 아시아 소사이어티 연설에서는 한발 더 나아가 "집단적 권리와 개인적 권리, 경제·사회·문화적 권리와 시민적·정치적 권리는 서로 나뉠 수 없는 것이다"라고 천명했다. 그 뒤 유엔의 사회권 규약과 자유권 규약에 서명했으며, 인권 개선을 위한 유럽연합과 인권대화를 1995년 이후 매년 두 차례씩 진행하고 있다.

북한 당국도 국제사회의 인권 개선 요구에 적극적으로 호응해야 한다. 인권 개선은 그 자체로도 절대적 가치를 지니지만, 미국·일본과 관계 정상화를 거쳐 국제사회에 진출하기 위해서는 반드시 넘어야만 할 관문이다.

북한 인권 문제는 북미 수교 협상 과정에서 주요 이슈가 될 수밖에 없다. 2000년대 초반 프랑스 등 유럽연합 국가들이 북한과 수교 협상 시 북한 인권 문제를 제기했던 전례를 감안할 때, 인권을 중시하는 민주당 주도의 미국 의회가 이 문제를 그냥 넘기지 않을 게 분명하기 때문이다.

미국도 북한 핵 문제와 인권 문제를 한꺼번에 해결하려고 해서는 안 된다. 국익과 가치를 동시에 얻으려는 외교 방식은 실패한다는 게 역사의 교훈이다. 헨리 키신저는 "두 가지를 동시에 얻을 수 없으니 국익을 선택하라"고 조언한다.

인권과 민주주의를 기치로 펼치는 가치외교는 일견 중국과 북한을 압박해 국제사회에서 미국의 리더십을 복원하는 데 도움이 될 것 같지만 북핵 문제 등 현안을 푸는 데 방해된다. 북한의 비핵화 과정에서 양측 간 신뢰가 쌓일 경우 미국의 인권 개선 요구는 북한 당국을 움직일 수 있다. 또한 북한의 경제가 호전되고 개혁·개방이 진전돼 북한에 제한적이나마 시민사회가 형성될 경우 인권 상황 역시 개선될 수 있다.[6]

북한 인권 개선할 수 있을까?

인간은 빵 없이 살 수 없지만 그렇다고 빵만으로 살 수는 없다.

인간으로서 품위 있게 살도록 보장하는 인권 개념이 다양한 내용을 포괄할 수밖에 없는 이유이다. 인권 개념은 시대가 흐르면서 꾸준히 변화했다.

1948년 12월 유엔 총회에서 '세계인권선언'이 채택된 이후 1966년 법적 구속력을 갖는 보편적 국제인권법으로 발전한 '국제인권규약'은 '경제·사회·문화적 권리규약'(A규약)과 '시민적·정치적 권리규약'(B규약)으로 구성되어 있다. A규약은 생존권·건강권·환경권·교육을 받을 권리·예술의 자유 등을 담고 있으며 '사회권'으로 줄여 부른다. B규약은 양심의 자유·사상의 자유·언론출판의 자유·집회결사의 자유·정치적 기본권 등을 담고 있으며 '자유권'으로 통칭한다. 이처럼 '국제인권규약'이 두 개의 기둥으로 된 것은 당시 자유주의와 사회주의 진영의 요구를 다 같이 반영했기 때문이다.

인권의 역사는 진화의 역사이다. 1세대 인권으로 불리는 시민적·정치적 권리(자유권)는 프랑스 혁명을 계기로 근대 형성기 시민의 재산과 자유로운 경제 활동을 보장할 필요성에서 등장했다. 자유권은 오늘날 자본주의 사회에서 인권과 등치될 정도로 지배적인 지위를 차지한다.

파리 코뮌과 러시아혁명을 거치면서 2세대 인권인 경제적·사회적·문화적 권리(사회권) 개념이 부상했다. 사회권은 서구의 노동운동을 거치면서 최소한의 경제적 생존, 사회보장 등 대중의 기본적 삶에 대한 국가의 책임을 강조한다. 국제사회에서 사회권은 사회주의 국가와 제3세계 국가들이 주창했지만 국제법적 장치는 자유권보다 약한 상태이다.

3세대 인권인 자결권, 발전권, 평화권 등은 1960년대 제3세

서울 남산 둘레길 벽에 새겨진 세계인권선언문.

계 국가의 국제 무대 진출을 배경으로 탄생했다. 3세대 인권은 약소국을 주요 행위자로 하는 집단적 성격을 띠고 있으나 아직 국제법으로 발전하지는 못했으며, 오늘날 세계화 격랑 속에서 주요 이슈로 부각되었다.

　인권 개념의 진화 과정을 보면 인권의 범주가 확대되어 왔다. 사회적·국제적 약자의 입장이 반영되고 자유권이 보편적 지위를 획득한 가운데 사회권과 3세대 인권이 보편적 지위를 획득하기 위해 도전하고 있다고 요약할 수 있다.

　인권 개념은 자유주의 사상에 기초해 서양 근대사회에서 시작했다. 하지만 그것이 세계적 차원으로 확대되며 내용이 풍부해진 것은 인권으로부터 배제된 사람들의 저항과 투쟁 때문이었다. 사회주의 운동과 혁명, 반제 민족해방운동, 제3세계 진영의 등장 등이 인권 개념의 확장을 가능하게 했다. 인권은 특정한 역사 속에서 형성된 개념이다. 따라서 오늘날 우리가 받아들이는 인권의 보편성은 하늘에서 저절로 떨어진 것이 아니라 시대적 환경 속에서 만들어지고 진화해 온 가치라고 말할 수 있다.

북한의 인권 문제에 접근하는 방식도 자유권·사회권·발전권·평화권 등 다양한 측면을 균형 있게 봐야 한다. 자유권 관점으로만 접근해 북한 정권을 교체하고 체제를 전복시켜야 한다는 결론은 곤란하다. 또한 사회권·발전권의 관점으로만 접근해 북한 당국을 옹호하는 논리를 펼치는 것도 문제다. 인권 운동은 주권의 경계를 넘어 국제적 연대가 필요하지만, 인권 개선의 주체는 북한이라는 점을 명심해야 한다.

북한 인권 문제는 남북한 통합을 주도해야 할 우리에게 중요한 과제이다. 북한의 인권 상황 개선을 위한 대북 인권 정책은 포괄적으로 접근하되 단계적으로 추진해야 한다. 자유권, 사회권, 평화권, 발전권 등을 포괄적으로 고려하면서 당면한 긴급 과제 해결에 집중하도록 국제사회를 설득해야 한다.

북한의 식량난이 심각할 때는 생존권을 우선시해 식량 지원 등 인도적 지원에 집중하고, 북핵 문제 해결이 시급할 때는 평화권을 우선시해야 한다. 물론 모든 단계에서 자유권 신장을 지속적으로 요구해 북한으로 하여금 진일보한 조치를 취하도록 해야 할 것이다.

한편 북한의 인권 개선은 분단 체제의 모순 구조를 고려하며 이뤄져야 한다. 북한 인권에 대한 평가 역시 인권 유린을 낳은 구조적 모순을 인식하면서 한반도 현실에 대한 성찰과 함께 진행해야 한다. 돌이켜 보면 남한에서도 군사독재 시기 분단 현실을 악용한 각종 인권 유린과 탄압이 많았다.

북한 인권 문제의 해법은 장기적이고 단계적이며 입체적인 관점에서 찾아야 한다. 향후 통일 한국이 지향해야 할 가치들과 조응되는 인권 해법이 구상돼야 할 것이다.

12 | 북미 협상에서 미국 입장은 무엇인가?

북핵 문제 해결의 열쇠는 미국이 쥐고 있다고 해도 과언이 아니다. 북한의 비핵화가 평화협정, 북미 관계 정상화 등과 맞교환될 수밖에 없는데 그 결정권이 미국한테 있기 때문이다. 미국의 대북 정책은 미국의 세계 전략·동아시아 전략·한반도 전략의 연장선에 있다. 북한 핵과 미사일 문제도 미중 관계와 한미 동맹 등 상위 전략의 틀 속에서 관리되고 있다. 북핵 문제 해결과 관련된 미국의 입장을 알아보자.

클린턴 행정부, 왜 북핵 문제 마무리하지 못했을까?

북미 협상에서 미국의 입장은 무엇일까? 답을 찾기 어려운 질문이다. 미국은 다원화된 사회로 외교정책 결정에 수많은 개인과 기관이 관여하고, 입장이 모두 다르기 때문이다. 행정부 내에서도 국무부·국방부·재무부가 다르고, 의회 내 민주당과 공화당 입장이 다르다. 언론도 매체마다 조금씩 다르며 각종 압력단체 입장도 각기 다르다. 또한 미국 내 여론도 외교정책 결정에 큰 영향을 미친다. 물론 외교정책 결정권은 대통령이 갖고 있다. 교통·통신의 발달로 정상 간 직접 외교가 활발해진 현대에서는 대통령의 비중이 더욱 커졌다.

미국의 대북 정책은 정권이 교체되면서 냉탕과 온탕을 오갔다. 강경책과 온건책이 롤러코스터처럼 반복되면서 북핵 문제를 해결하기는커녕 오히려 더 악화시켰다. 그럼, 미국의 대북 정책은 때에 따라 상황에 따라 변하기 때문에 아무런 일관성도 없는 걸까? 물론 그렇지는 않다. 역대 미국 정부의 북미 협상 사례를 분석해 정책의 큰 틀과 흐름을 살펴보자.

미국 행정부 내에서 별도의 대북 정책이 필요하게 된 것은 북핵 문제가 불거지면서부터이다. 그 이전에는 국무부 동아태 차관보실의 지역문제 중 하나에 불과했고, 다른 부처에서는 이슈가 발생할 때 다루는 정도였다.

1994년 제1차 북핵 위기가 발생하자 클린턴 민주당 행정부는 손쉽게 무력으로 북한 핵을 제거하고자 영변 폭격을 추진했다. 그러나 검토 결과 폭격은 전쟁으로 이어져 대규모 인명 희생이 발생한다는 점을 깨닫고 대화를 통한 해결을 모색하게 된다. 북미 간 '제네바 합의'를 체결하면서 위기를 넘겼는데, 북한은 플루토늄 생산을 포기하고 미국은 북미 관계 정상화와 2000MWe 경수로 건설을 책임지기로 한 내용이었다. 그러나 클린턴 행정부는 미국이 이행해야 할 책임에 대해 관심이 없었다. 당시 풍미했던 북한 조기 붕괴론으로 시간을 끌면 저절로 해결될 것이라는 안이한 생각 때문이었다.

그러나 1996년부터 시작된 북미 미사일회담과 4자회담 등이 정체되면서 다시 북한의 핵·미사일 개발 의혹이 발생하게 된다. 클린턴 대통령은 페리 전 국방부장관을 대북정책조정관으로 임명해 백지 상태에서 대북 정책을 재검토하게 했다. 광범한 의견 수렴을 거쳐 1999년 9월 작성된 '페리 보고서'는 포괄적 접근 방식에 기초한 외교적 방법이었다. 1998년 출범한 김대중 정부의 햇볕정책 기조가 대폭 반영된 내용이었다.

2000년 6월 사상 최초의 남북 정상회담을 거쳐 그해 10월 북한의 2인자인 조명록 차수가 미국을 방문해 빌 클린턴 대통령을 예방하고 당시 매들린 올브라이트 국무장관과 회담을 했다. 회담 후 발표된 '북미 공동코뮤니케'는 북한의 장거리미사일 개발 포기, 북미 간 적대 관계 포기 및 경제 교류·협력 확대, 정전협정 체제를 평화 체제로 바꾸기 위한 남·북·미·중 4자회담 추진, 빌 클린턴 대통령의 북한 방문 등 북미 관계와 한반도 상황을 바꿀 획기적 내용이었다. 곧이어 10월 올브라이트 국무장관이 방북해 김정일 위원장과 북한의 테러지원국 해제·미사일 개발 제한·외교 대표부 설치·한반도 긴장 완화·클린턴 대통령의 방북 문제 등을 논의했다.

빌 클린턴 대통령의 방북 여부가 전 세계의 관심을 끌었다. 클린턴-김정일 정상회담을 통한 한반도 문제의 근본적 해결 가능성 때문이었다. 그러나 그해 11월에 치러진 미국 대통령 선거에서 민주당 앨 고어 후보의 패배와 공화당으로의 정권 교체는 한반도 문제 해결 가능성에 찬물을 끼얹었다. 클린턴은 12월 29일 자신의 임기 중 북한을 방문하지 않겠다는 성명을 발표했다. 클린턴의 방북 취소는 여러 이유가 복합적으로 작용했지만, 직접적 이유는 12월 말 이스라엘-팔레스타인 협상이 무산된 사건 때문이었다. 남은 임기 동안 중동 문제를 해결하고 퇴임하겠다는 클린턴의 의지가 강했던 것이다.

부시 행정부가 북한과 협상하기로 입장을 바꾼 이유는 뭘까?

부시 공화당 행정부는 취임하자마자 '제네바 합의'를 파기하고, 김대중 정부의 대북 포용정책을 비판하며 초강경 태도를 취했다. 이는 한반도 정책의 상위 전략인 세계 전략이 크게 바뀐 데 기인한다.

2001년 9월 발생한 '9·11 테러사건'을 계기로 미국의 세계 전략은 크게 변화했다. 2002년 9월 발표된 「미국의 국가안보 전략」[7]은 미국이 주도하는 단극 체제 유지에 국력 집중, 테러 국가·단체는 제거할 대상, 억지력 개념은 폐기하고 선제공격·예방공격 사용, 주권에 개의치 않고 테러리스트 공격, 위협을 제거하는 데 국제법·조약·안보 파트너 무시, 위협 대응에 미국의 자의적이고 무제한적 역할 수행, 국제사회 안정 무시 등의 내용을 담고 있다.

부시 행정부는 이 같은 전략을 행동으로 옮겼다. 미국에 위협이 되는 세력과 국가에 대해서는 선제공격도 불사하겠다며 아프가니스탄과 이라크를 침공했다. 북한과 이란에 대해서는 '악의 축'으로 지목하며 언제든 선제공격할 수 있음을 내비쳤다.

부시 행정부는 '제네바 합의'를 파기하고 김대중 정부의 대북 정책을 비난했지만 새로운 대안을 갖고 있지는 않았다. 당시 대외 정책을 주도했던 '네오콘'은 미국의 안보 위협을 해소하는 데 북한의 변화보다는 정권 교체가 필요하고 이를 위해 봉쇄하고 압박해야 한다고 주장했다. 북핵 문제를 해결하는 방법도 핵무기와 핵 개발 프로그램을 '완전하고 검증가능하며 되돌릴 수 없는 수준으로 폐기'시킨다는 강경책 일변도였다. 이들은 대북 정책 추진 시 한미 동맹 강화와 정책 공조를 강조했다. 하지만 이는 어디까지나 한국이 미국의 정책을 따라야 한다는 것이었다.

대북 포용정책을 추진하던 김대중 정부와 관계가 악화되었다. 부시 행정부는 2004년에 이르러서야 미국 혼자 북한을 상대하면 관련국이 책임을 나눠지지 않으며, 또 결과를 만들어 내지 못할 경우 관련국 모두한테 비난 받을 것이라는 점을 깨닫게 되었다. 중국과 한국의 도움이 필요했다. 이러한 배경에서 시작된 남·북·미·중·러·일 6자회담은 2005년 9월 '9·19 공동성명'이라는 결실을 거두었다.

그러나 미국 재무부의 방콕델타아시아은행 계좌 동결, 시리아로 북한 핵물질 이전 의혹 제기 등 미국 내 강경파의 회담 방해는 6자회담을 겉돌게 했다. 결국 합의 이행의 골든타임을 놓치고 2007년에 이르러서야 '2·13 합의' '10·3 합의' 등 이행 방안을 마련했지만 이미 미국과 한국 행정부 모두 임기 말 레임덕에 빠진 상태였다.

6자회담은 2008년 말 검증 방식을 둘러싼 북미 간 갈등으로 좌초됐다. 미국은 신고된 핵 시설과 핵물질의 검증 방식을 사전에 합의하자고 요구했다. 북한은 불능화가 완료된 시설을 먼저 검증하고 다른 것은 북미 관계 정상화 조치 등과 함께 추후 합의할 것을 주장했다.

6자회담이 좌초된 데는 검증을 둘러싼 북미 간 이견이 직접적 원인이다. 하지만 그 배경에는 새로 출범한 이명박 정부가 회담에 부정적인 미국 강경파와 보조를 같이 했던 게 중요한 원인으로 자리한다. 당사자인 한국이 회담 무용론의 강경한 입장을 취하자 일본이 가세하며 회담은 무력화되었던 것이다.

　6자회담의 미국 측 수석대표였던 크리스토퍼 힐은 "북한 원자로가 폐쇄되고 플루토늄을 만들어 내는 사용후 연료봉이 더 생산되지 않게 된 것, 한미 관계가 이전보다 좋은 상태로 발전한 것" 등을 6자회담의 성과로 꼽았다. 힐은 "6자회담 이전에는 한국의 많은 사람 사이에 협상이 진전되지 않는 이유가 흉악한 북한보다 호전적인 미국 때문이라는 인식이 팽배했으나 그것이 바뀌었다"고 회고했다.

오바마 행정부는 왜 북핵 문제 방치했을까?

오바마 민주당 행정부는 취임하자마자 외교정책의 기조를 바꾸었다. 전임 부시 행정부가 패권 전략을 추구하는 과정에서 많은 나라로부터 일방주의라는 비난을 받자, 오바마 행정부는 국가 간 협력을 강조한 다자주의로 전환했던 것이다. 오바마의 외교정책은 핵무기 없는 세계를 추구하면서도 새 라이벌 패권국가의 등장을 막는다는 이상주의와 현실적 실용주의의 배합이다. 오바마 대통령은 아시아·태평양 지역을 중요시해 2011년부터 '아시아로의 중심축 이동'(Pivot to Asia)을 선언하며 아태 지역에서 미국의 역할을 확대할 것이라고 공언했다. 아시아 중시 정책은 장기간 지속되던 경제 불황에서 벗어나 경기를 회복시키고, 지역 패권의 도전자로 부상하는 중국의 경제적·군사적 성장세를 견제하겠다는 정책이다.

　오바마 행정부는 6자회담이 무산된 상태에서 2009년 4월 프라하에서 선언했던 '핵무기 없는 세계'에 부합하는 성과를 내기 위해 북미 협상을 추진했다. 이후 북한과 두 차례의 고위급 회담을 거쳐 2012년 2월 '2·29 합의'를 이끌어 냈다. 북한에 24만 톤의 식량을 지원하는 대가로 북한의 핵실험과 영변 우라늄 농축 시설을 포함한 핵 활동 중지·미사일 발사 유예·국제원자력기구 사찰단 복귀 등의 내용을 담은 합의였다. 그러나 북한이 그해 4월 은하 3호 로켓을 발사했다. 북한은 은하 3호가 위성용이라면서 2·29 합의에 위배되지 않는다고 주장했다. 그러나 미국은 유엔 안보리 결의 1718호·1874호 위반이라고 규정했다. 합의는 무산되었고 북미 간 불신의 골은 깊어졌다.

이후 오바마 행정부의 대북 정책은 북한이 비핵화를 위해 진지한 노력을 기울일 때까지 기다린다는 '전략적 인내' 정책으로 바뀌었다. 미국은 북미 양자 회담을 포기한 대신 6자회담 재개를 지지하며 북한이 진정성을 보이고 한국과 관계 개선에 노력하면 회담을 열겠다는 입장을 취했다. 그러나 당사자인 남북한은 관계 개선에 의지가 없었다. 결국 '전략적 인내'는 방치 전략으로 전락해 북한의 핵 고도화라는 결과를 낳으며 북핵 문제는 더욱 악화되었다.

트럼프 행정부는 왜 결과를 못 만들었을까?

2017년 출범한 트럼프 공화당 행정부의 외교정책 기조는 미국의 이익을 우선시하는 '미국 우선주의'(America First)이다. 트럼프 대통령은 미국 우선주의 기조하에 중동·유럽·아시아 국가들이 자국의 안보를 스스로 책임져야 하며, 자국 방위를 위해 비용을 더 부담해야 한다고 주장했다.

또한 과도한 대외적 개입에 따른 피로감 등 국민 정서를 감안해 국제 문제에 대한 미국의 개입을 줄이겠다고 선언했다. 일종의 '신고립주의'로 국제질서의 수호자 역할을 포기하는 것이다. 이후 파리 기후변화협정에서 탈퇴하고 이란과 핵 협정을 일방적으로 파기하는 행동으로 이어졌다.

트럼프 행정부는 출범 초기 북한과 말 폭탄을 주고받으며 험악하게 대치했으나, 이후 협상에 의한 문제 해결 방식으로 선회했다. 북한의 핵무기 고도화와 장거리미사일 개발 등으로 악화된 북핵 문제를 더 이상 방치할 수 없다는 판단 때문이었다.

트럼프 대통령은 2017년 4월 이례적으로 상원 의원 전원을 백악관으로 초청해 대북 정책을 설명한 뒤 국무장관·국방장관·국가정보국장 등 외교·안보 당국 수장들에게 브리핑하도록 했다. 합동 성명에서 "북한의 핵무기 추구는 미국의 국가 안보에 긴급한 위협으로 외교정책의 최우선 순위"라고 규정했다. "트럼프 대통령의 해법은 경제 제재를 강화하고 우리 동맹 및 역내 파트너들과 함께 북한이 핵·탄도미사일·핵확산 프로그램을 해체하도록 압력을 가하는 것을 목표로 하며, 북한이 핵 위협을 단계적으로 줄이고 대화의 길로 들어서도록 할 것"이라고 언급했다.

트럼프 대통령은 김정은 국무위원장과 두 차례 정상회담을 가졌다. 2018년 6월의 싱가포르 북미 정상회담은 북미 간 적대 관계 청산과 새로운 북미 관계 수립, 항구적이고 안정적인 한반도 평화 체제 구축, 북한의 완전한 비핵화, 미군 유해 송환 등의 합의를 이끌어 냈다.

그러나 2019년 2월 하노이에서 열린 2차 정상회담은 싱가포르 합의를 바탕으로 구체적 이행 방안을 만들어 내야 했지만 성과 없이 끝났다. 트럼프가 북한의 요구사항인 대북 경제 제재 해제와 관련해 아무런 양보도 없이, 김정은이 제시한 영변 핵시설 폐쇄 외에 추가 조치를 요구했기 때문이었다.

트럼프 대통령은 참모들을 조직적이고 체계적으로 이끌지 못했다. 휘하 참모들 의견을 충분히 수렴하고 토론을 거쳐 결론을 끌어내 참모들이 일사불란하게 움직이도록 만들지 못했다. 바이든 행정부가 트럼프의 북미 정상외교를 소리만 요란한 리얼리티 쇼로 간주하는 이유이다.

또한 트럼프 행정부는 협상에 나선 김정은 위원장이 국내적으로 내세울 만한 성과를 거두도록 배려해야 했다. 그래야만 김정은도 한층 더 진일보한 조치를 취할 수 있기 때문이다. 그러나 2018~2019년 협상 기간 동안 미국은 북한에 대해 200여 차례의 추가 제재를 가함으로써 김정은의 처지를 어렵게 만들었다.

미국은 북핵 문제 해결 의지 있는가?

북한은 2016년 조선노동당 중앙위원회 전원회의를 통해 '핵·경제 병진노선'을 종료하고, '경제 건설 집중노선'을 결의한 이후 경제발전 5개년계획(2016~2020)에 집중했다. 2018년 초 신년사 발표 이후부터는 비핵화 약속을 실천으로 옮겼다. 핵실험과 미사일 발사를 중단하고 풍계리 핵 실험장을 폐기한 데 이어 동창리 엔진 시험장과 미사일 발사대를 폐기했다. 2018년 9월 평양 남북정상회담에서는 미국의 상응 조치가 있을 경우 핵 개발의 상징인 영변 핵 시설을 영구 폐기하겠다고 밝혔다.

한국의 문재인 대통령도 북핵 문제 해결의 촉진자로서 팔을 걷어붙이고 나섰다. 한미정상회담과 유엔총회 연설을 통해 "이제 국제사회가 북한의 새로운 선택과 노력에 화답할 차례"라며 미국의 상응 조치를 촉구했다. 또 "김정은 위원장의 비핵화 결단이 올바른 판단임을 확인해 줘야 한다"며 "북한이 항구적이고 공고한 평화의 길을 계속 갈 수 있도록 이끌어 줘야 한다"고 국제사회에 대북 경제 제재 완화를 호소했다.

북핵 문제 해결을 위해서는 미국이 평화 협정, 북미 관계 정상화, 대북 경제 제재 완화 등에서 상응 조치를 취해야 한다. 북한은 핵동결을 실천하고 영변 핵 시설 영구 폐기를 약속하는 등 비핵화 초기 조치를 취했는데, 미국은 그에 상응하는 조치를 왜 하지 않는 걸까?

미국의 입장은 북한 비핵화에 대한 전체 청사진과 로드맵 없이 부분적 타협은 할 수 없다는 것이다. 국제 질서를 관리하는 미국 입장에서 북한의 쪼개기 전술에 휘둘려 마냥 끌려다니는 협상은 하지 않겠다는 것이다. 다만 비핵화 이행 과정을 단계적으로 하는 방식에는 동의한다. 핵무기·물질·시설·인력 등을 완전히 폐기하는 데 수십 년이 걸리기 때문에 핵심 프로세스를 폐기하는 데 협상 목표를 두고 있다. 북한이 요구하는 경제 제재 해제와 안보 불안감 해소 대책은 포괄적 합의가 있을 때 가능하다는 입장이다.

2021년 5월 워싱턴 D.C. 백악관에서 열린 문재인 대통령과 조 바이든 대통령 간 한미정상회담.
ⓒ위키미디어

    미국 조야에는 세 가지 입장이 존재한다. 첫 번째는 강경파로서 '선 해체, 후 보상' 입장이다. "같은 말을 두 번 사지 않겠다"며 불량 국가의 잘못된 행동에 보상할 수 없다는 주장을 펼친다. 워싱턴의 북한 전문가 상당수가 여기에 해당되는데, 김정은한테 비핵화 의지가 없다는 결론부터 내려놓고 대북 압박 카드를 내밀고 있다. 조금만 더 압박을 가하면 북한 체제가 무너질 것이라는 인식이 바탕에 깔려 있다. 그러나 '선 해체 후 보상'은 북한이 받을 수 없는 조건으로 협상의 가능성을 아예 차단하는 방안이다.

    두 번째는 불신파로 북한이 핵을 포기할 리 없기 때문에 현재의 상황 관리가 최선이라는 입장이다. 오바마 행정부 시기 '전략적 인내' 정책도 이러한 인식 위에서 만들어졌다. 북한의 변화와 한국의 입장 등을 신중하게 듣고 총체적으로 대북 정책을 수립하자는 쪽이다.

세 번째는 관여파로 적극적으로 관여해 외교적 협상을 통해 북핵 문제를 해결해야 한다는 입장이다. 북핵 문제를 해결하기 위해서는 단계적 접근이 불가피하며, 행동 대 행동으로 미국의 상응 조치가 필요하다고 주장한다.[8]

1990년대 초반 북핵 문제가 불거지며 북미가 처음 접촉한 이래 미국 관리들이 보인 태도는 한마디로 일방주의였다. 북한은 '악의 축'이기에 미국 관리들은 선의로 북한과 상대하려 하지 않았다. 국제법을 위반한 북한에 대해 함께 문제를 풀어 갈 대등한 파트너로 여기지 않았다. 압박과 제재 등 힘으로 눌러 자신의 의도를 관철하려고 했다. 북핵 문제를 대할 때도 핵확산을 금지한 국제법 위반에 초점을 맞추고, 북한이 왜 핵을 개발했는지에 대해서는 관심을 보이지 않았다.

정치적 선언에 불과한 '종전 선언'마저 미적대고 있다. 강경파는 북한의 비핵화가 마무리되기 전에는 절대 안 된다며 버티고 있다. 표면적 이유는 북한을 믿을 수 없기 때문이다. 하지만 내심 '종전 선언'을 할 경우 유엔사의 존립 기반이 무너지고 주한 미군 주둔을 핵심으로 하는 한미 동맹이 흔들릴 수 있다고 보기 때문이다.

대북 경제 제재 완화와 북미 관계 정상화에서도 아무런 양보 조치를 취하지 않고 있다. 작은 구멍이 생기면 둑 전체가 무너진다는 논리를 대지만, 경제 제재가 마냥 북핵 폐기의 중심 수단이 될 수 없다는 점을 외면한다. 경제 제재는 특정한 정책 목표를 달성하기 위해 단기간 실행하는 정책 수단이다. 북한처럼 장기간 지속시키면 광범한 인도적 피해가 발생할 수밖에 없다. 북한 내 극빈층, 어린이, 노약자 등 취약 계층이 심대한 타격을 받게 된다.

미국은 북핵 문제 해결 의지가 있는지에 대해 스스로 대답해야 한다. 미국은 자국 국익을 위해서라도 한국의 여론에 귀를 기울여야 한다. 70여 년 계속되는 분단 체제를 극복하고 평화와 번영으로 가겠다는 대다수 한국인의 절실한 염원을 외면해서는 안 될 것이다. 미국이 한반도를 포기하고 어떻게 동북아에서 계속 패권을 유지할 수 있겠는가.

13 | 바이든 행정부의 북핵 해법은 무엇인가?

바이든 민주당 행정부가 출범한 뒤 원점에서 재검토했던 대북정책의 윤곽이 지난 5월 한미정상회담 합의문을 통해 드러났다. 바이든 행정부의 북핵 해법을 알아보고, 바이든 대통령 임기 내 북핵 문제를 풀 수 있을지 전망해 본다.

조 바이든 리더십은 어떤 특징이 있을까?

북미 협상은 실무 협상으로 시작해 정상회담에서 마무리된 뒤 다시 합의의 이행 과정에서 실무 협상으로 이어진다. 즉 실무 협상과 정상회담은 서로가 서로에게 영향을 미치는 바늘과 실 관계이다. 그중 정상의 역할은 현대 외교에서 더욱 커지고 있다. 교통과 통신의 발달로 외교 실무자는 항상 본국의 지침과 훈령을 받을 수 있을 뿐만 아니라 정상 간 소통과 만남도 수월해졌기 때문이다.

조 바이든 대통령은 누구일까? 바이든은 펜실베이니아에서 아일랜드계 가톨릭 집안의 장남으로 태어났다. 역사적으로 아일랜드계 가톨릭 교도들은 앵글로색슨계 개신교가 주도하는 미국 사회에서 흑인 다음으로 핍박과 차별을 많이 받았다. 경제적으로는 중하층이었으며 취업과 승진에서 불이익을 받는 등 사

2021년 1월 미국 제46대 대통령에 취임한 조 바이든. ⓒ위키미디어

회적 차별을 받았다. 바이든이 사회적 약자에 대한 동정과 공감 능력을 갖는 것은 이러한 집안 배경과 무관하지 않다.

상원 의원 시절 바이든은 자신과 의견이 다른 사람을 용공으로 몰아 악명을 떨쳤던 제시 헬름스 공화당 의원에게서 뇌성마비 입양아를 키우고 있다는 좋은 점을 찾아내 관계를 풀었다는 일화는 유명하다. 부통령을 8년 동안 하면서 미치 매코널 공화당 상원 원내대표와 친분을 활용해 당시 소수당이었던 오바마 민주당 행정부의 주요 정책을 통과시킬 수 있었던 것도 뛰어난 소통 능력 때문이었다. 또한 바이든은 36년 상원 의원, 8년 부통령 이력을 거치며 외교 역량 등 국정 경험을 풍부하게 쌓았으며, 책임감이 강하다는 평가를 받고 있다.

정계에 뛰어든 계기가 된 로스쿨을 졸업한 뒤 성적은 좋지 않았지만 교수들의 추천을 받아 로펌 '프리켓, 워드, 버트 & 샌더

스에 취업했다. 로펌은 바이든을 채용한 이유로 "책임감이 매우 뛰어나고 모험도 기꺼이 불사할 사람"이기 때문이라고 했다.⁹

바이든 행정부의 북핵 해법은 무엇일까?

바이든 행정부는 출범 이후 세계에 '미국이 돌아왔다' '미국이 세계를 다시 주도할 것이다'라는 메시지를 보냈다. 국제 규범을 준수하고 동맹을 다시 결집하며 다자 기구를 활용하려는 태도를 취한다. 트럼프 행정부 시기 '미국 우선주의'와 '일방주의' 식 행태로 말미암아 미국의 지도력과 국익이 크게 손상됐다는 문제의식 때문이다. 또한 민주주의와 인권이라는 보편적 가치를 확산시키며 미국의 리더십을 복원하려는 가치 외교를 시도하고 있다.

바이든 행정부는 지역 정책에서도 중동 비중을 줄이고 아시아의 비중을 늘리는 방향으로 조정하고 있다. 중동에 파견된 미군 병력이 이란과 긴장 관계가 고조될 때는 9만 명까지 치솟았는데 이를 5만 명으로 감축했다. 또한 예멘 내전 개입중단을 선언했고 아프가니스탄에서도 철군했다.

미국의 대외정책에서 아시아 중시를 공언한 것은 2011년 오바마 행정부가 '아시아 재균형' 정책을 선언하면서부터다. 아시아 중시 정책은 경제적 비중이 점차 커지는 아시아 지역에서 미국의 도전자로 부상하는 중국의 성장세를 견제하는 정책이다.

트럼프 행정부는 중국에 대한 적대감을 노골적으로 드러내며 중국을 압박했다. 2020년 코로나19 팬데믹이 시작되자 투명성이 결여된 공산당이 코로나19 문제를 은폐하고 인민을 억압한다며 중국 공산당을 비난했다. 공산당 중심의 패권 질서를 정면에서 공격한 것이다. 이러한 반공주의는 미국의 무역 적자 문제로 연결돼 중국의 불공정 무역을 비판하고 기술 탈취 문제로 확장시켰다. 미국의 무역 적자는 중국의 불공정 무역 때문만이 아니라 산업스파이를 통한 기술 탈취에서 생겼다는 인식이다. 여기에 지정학적 대결 구도까지 가세했다.

바이든 행정부는 중국과 이념을 바탕으로 한 적대적 태도는 지양하고 합리적 경쟁 관계로 자리매김하고자 한다고 언급했다. 사안별로 협력·경쟁·대결을 한다는 입장이다. 코로나19·기후변화·대량살상무기·북한 핵 문제 등에서는 협력하고, 무역·기술 분야에서는 경쟁하며, 가치·지정학적 문제에서는 양보 없이 대결한다는 것이다.

지정학적 문제에서 바이든 행정부는 인도·태평양 전략으로 동맹국과 함께 중국을 봉쇄하겠다는 의도를 드러내고 있다. 취임 직후인 지난 3월 '2+2 회담'에 참석하기 위해 일본과 한국을 방문했던 토니 블링컨 국무장관은 '동맹과 함께 중국 견제'가 미국 외교정책의 최우선이라고 밝혔다. 블링컨은 중국에 대해 동·남중국해 분쟁과 홍콩·대만·신장 위구르 문제를 거론하며, 인도·태평양 지역의 안정을 해치고 주변국을 위협하는 국가라고 비난했다. 그리고 이를 견제하기 위해 "미·일·한 3국 간 협력이 인도·태평양 지역의 안정과 평화와 번영에 필수적"이라고 주장했다.

블링컨 장관은 대북 정책에 대해 "핵, 미사일 프로그램, 그리고 인권 침해 문제와 관련해 대응에 나설 생각"이라며, "여러 압력 수단 혹은 완고한 수단 등이 모두 재검토 중"으로 "동맹국과 함께 이 작업을 할 생각"이라고 말했다. 동맹국인 한일과 협력해 조율을 거친 후 북한의 완전한 비핵화와 북한 주민의 삶 개선을 목표로 압박과 외교적 방법을 동원하겠다는 것이다. 북한의 인권 문제에 대해서도 "북한의 권위주의 정권은 자국민에 대한 체계적이고 광범위한 학대를 계속한다"며 공세를 취했다.

바이든 행정부의 북핵 해법은 무엇일까? 압박과 외교적 방법 중 어느 쪽에 주력할까? 미국 바이든 행정부의 대북 정책 윤곽이 드러났다. 지난 5월 23일 한미 정상회담을 통해 드러난 바이든 행정부의 대북 정책은 두 가지 면에서 고무적이다.

첫째, 북핵 문제를 풀기 위해 북미 협상의 틀을 정교하고 실용적으로 짜 공개했다. 한반도의 완전한 비핵화를 이루는 데 "2018년 판문점 선언과 싱가포르 공동성명 등 기존의 남북 간, 북미 간 약속에 기초한 외교와 대화"가 필수적이라고 함으로써 향후 협상을 예측 가능하게 만들었다. 또한 대북특별대표에 북한의 거부감이 적은 합리적 성향의 성 김 대사를 임명해 북한에 대한 적극적 대화 의지를 드러냈다.

북한이 바라는 북미 정상회담과 관련해서도 바이든 대통령은 "나의 외교안보팀이 핵 문제와 관련한 북쪽의 정확한 협상 조건을 알지 못하는 상황에선 김정은을 만나지 않을 것"이라고 했다. 이는 실무협상에서 북한의 입장이 확실해진다면 정상회담이 언제든 가능하다는 메시지이다.

또한 북한이 강력 반발하는 인권 문제도 "북한 주민에 대해 인도적 지원 제공을 계속 촉진" 하기로 함으로써 기존의 압박

일변도 정책에서 유연하게 바뀌었다.

둘째, 한국 정부의 독자적인 활동 공간을 배려했다. 바이든 대통령은 공동성명에서 "남북 대화와 관여·협력에 대한 지지를 표명"했다. 비록 한미의 "대북 접근법이 완전히 일치되도록 조율"해 나가기로 함으로써 견제 장치를 뒀지만 한국 측이 보다 능동적이고 적극적으로 움직일 수 있는 여지가 생겼다. 트럼프 행정부 시절 '한미워킹그룹'이 대북 정책 조율을 핑계로 사사건건 남북 관계 개선을 가로막던 선례를 감안하면 결코 쉽지는 않을 것이다. 하지만 한국 정부의 의지와 창의력만 있다면 독자적 활동 공간을 얼마든지 만들 수 있다.

문재인 정부는 임기 내 종전 선언 성사를 목표로 뛰고 있는 듯하다. 종전 선언 구상은 평화협정 체결이 어렵고 오랜 시간이 소요되기에 그 대안으로 나온 것이다. 남·북·미 정상이 만나 정치적으로 종전을 선언함으로써 북핵 폐기와 한반도 평화 체제 구축의 동력을 만들겠다는 구상이다.

2006년 부시 미국 대통령이 제안해 이슈화된 뒤 북한의 소극적 태도로 유야무야되다가 2018년 판문점 선언을 통해 다시 현안으로 떠올랐다. 남북 정상은 2018년 '4·27 판문점 선언'에서 "연내에 종전을 선언하고 정전협정을 평화협정으로 전환하며 항구적이고 공고한 평화 체제 구축을 위한 남·북·미 3자 또는 남·북·미·중 4자회담 개최를 적극 추진"하기로 합의했다.

종전 선언은 북핵 문제를 해결하고 한반도 평화 체제를 구축하는 '한반도 평화 프로세스'의 전략적 연결고리이다. 또한 남·북·미 모두가 윈윈할 수 있는 카드다.

미국 입장에서는 북핵 해결 과정에서 아무런 성의도 보이지 않고 있다는 한국민의 따가운 시선을 불식시킬 수 있는 좋은 기회다. 중국과 패권 경쟁에서 북한까지도 우군으로 끌어들일 수 있는 카드다. 북한 입장에서는 경제 회생에 절실히 필요한 외자 조달을 위해 북미 관계 정상화로 다가갈 수 있는 절호의 기회다. 한국 입장에서는 정전협정 체제에서 비롯된 비정상의 국가 상태를 정상으로 되돌리는 데 꼭 필요한 조치이다. 문재인 정부가 임기 내 종전 선언을 해낸다면 다음 정부의 한반도 평화와 번영, 통일을 향한 발걸음은 한결 빨라질 것이다.

14 | 북핵 해결 위한 한국의 역할은 무엇일까?

한국은 한반도 문제의 당사자임에도 북핵 문제 해결 과정에서 뚜렷한 역할을 찾기가 쉽지 않아 보인다. 문재인 정부는 북미 사이 중재자 역할을 자임했는데, 구체적으로 무엇인지 명확하지 않다. 북핵 문제 해결 과정에서 한국이 할 수 있는 역할에 대해 알아본다.

한국은 아무런 힘도 없는 것일까?

북핵 문제 해결의 요체는 북한이 핵무기·핵물질·핵 시설 등을 폐기하고, 한미는 평화협정 체결과 북미 관계 정상화 조치를 취하는 것이다. 이 과정에서 한국은 무엇을 할 수 있을까?

북한은 핵과 관련된 문제는 미국과 논의할 사안이라면서 자주적 결정권이 없는 남한은 빠지라고 한다. 미국 또한 정전협정 체제에서 휴전선을 관리하는 유엔 사령관, 교전이 발생했을 때 전시작전권을 행사하는 한미 연합 사령관을 주한 미군 사령관이 겸임하고 있기에 한국의 결정권을 인정하지 않는다. 평화협정도 미국의 결단이 없으면 한 치의 합의도 이뤄 내기 어려운 구조이다. 북미 관계 정상화 문제는 더더욱 한국이 끼어들 여지가 없다. 그럼, 한국은 아무것도 할 수 없는 것일까?

1948년 대한민국 정부 수립 이후 미국은 수십 년 동안 외교·군사·경제 등에서 한국의 보호자 역할을 해왔다. 그동안 한미 관계는 일방적이고 종속적이었으며, 한국은 당사자임에도 불구하고 한반도와 동북아 문제에 대한 발언권을 갖지 못했다. 1953년 7월 정전협정 체결 과정에서도 한국은 배제된 채 미국·북한·중국 등 3자에 의해 협상이 진행되고 마무리되었다. 1994년 1차 북핵 위기가 발생했을 때도 미국의 클린턴 행정부는 김영삼 정부와 일언반구 상의도 없이 북한 폭격 계획을 세우고 진행시켰다.

한미 관계에서 2000년 '6·15 남북 정상회담'은 획기적 사건이었다. 남북 정상회담을 계기로 한국이 분단 역사상 처음으로 자신의 미래와 관련된 주요 문제를 스스로 결정하려고 했기 때문이다. 김대중 정부는 최초로 야당으로의 정권 교체를 이뤄 냈다는 정치적 정통성에 대한 자신감을 바탕으로 대북 정책 수립과 집행에서 조수석이 아닌 운전석에 앉겠다는 의지를 천명했다. 빌 클린턴 미국 대통령도 자신이 조수석에 앉겠다고 하면서 양해했다. 국제사회에서도 '6·15 남북 정상회담'을 계기로 한국의 발언권이 커지게 되었다. 국제사회는 민족자결이라는 명분과 그간 신장된 한국의 국력을 감안해 한국의 입장을 존중하게 된 것이다.

여기에는 1980년대 후반 이후 빠르게 진행된 국제질서의 변화가 배경으로 작용한다. 1991년 소련이 해체되어 냉전 체제가 무너진 뒤 동북아에서는 미국을 정점으로 중국·일본·러시아 등이 일정한 영향력을 행사하는 다극 질서가 등장했다. 그러다 시간이 흐르면서 중국의 영향력이 커지기 시작했다. 중국은 급속한 경제 성장과 더불어 군사 현대화를 추진함으로써 빠르게 강국으로 변모해 국제적 발언권을 높였다. 점차 세계는 미국·중국을 중심으로 한 'G2 체제'로 바뀌었고, 동아시아 패권 경쟁에서도 중국이 일본을 압도하고 있다.

남북한 간 힘의 균형도 무너졌다. 6·25전쟁 이후 남북한은 치열한 체제 경쟁을 벌였는데, 1990년대 들어서며 남한의 우세로 결판이 났다. 북한은 외교적으로 고립되었으며 경제적 곤경에 처하게 됐다. 특히 북한 교역의 절반을 차지하던 소련의 해체는 커다란 타격이었다. 북한 경제는 파탄으로 치닫게 되고 에너지난·식량난·외화난 등 총체적 파국에 직면했다.

김대중 정부 시기 대북 정책을 둘러싸고 한미 간 충돌이 발생했다. 클린턴 행정부는 김대중 정부의 대북 포용정책을 지지했기 때문에 문제가 없었다.

하지만 2001년 미국에서 부시 행정부가 출범하면서 상황이 달라졌다. 부시 행정부가 한국 정부의 정책을 무시한 채 일방적으로 대북 강경책을 구사하며 무작정 따라오라고 강요했기 때문이었다. 부시 행정부의 일방주의를 겪으면서 많은 한국인이 한미 동맹을 과거와 다른 눈으로 바라보게 되었다. 한미 동맹에 대한 인식 변화는 냉전 해체와 한국 사회의 민주화, 대북 포용정책으로 인한 남북 화해 분위기 속에서 많은 한국인이 국가 정체성을 다시 세우려 한 데서 비롯된 것이다.

부시 행정부의 일방주의는 오래가지 못했다. 김대중·노무현 정부를 압박했지만 별 효과를 거두지 못한 채, 한국 정부의 대북 포용정책 기조가 그대로 유지되었기 때문이다. 한미 관계는 부시 행정부 2기에 들어서면서 개선되었다. 부시 행정부가 대북 강경책을 누그러뜨리고 6자회담에 의한 대화의 길로 나서자 한미 관계도 좋아졌다.

오바마 행정부는 출범 후 '핵무기 없는 세상'을 목표로 북한과도 대화를 하겠다는 적극적 관여 정책을 시도했지만, 한국의 이명박·박근혜 정부는 북한 붕괴를 염두에 둔 봉쇄정책을 선택했다. 미중 정상회담을 통해 남북을 동시에 압박함으로써 남북 대화를 유도했지만, 당사자들이 대화 시늉만 하는 등 의지를 보이지 않는 상황에서 아무런 성과도 거둘 수 없었다. 결국 오바마 대통령은 '전략적 인내'라는 이름으로 한반도 문제를 방치했고, 시간이 흐르며 북핵 문제는 악화되었다.

한국의 국력 신장과 국제사회에서 발언권 강화로 이제 미국의 대북 정책은 한국 정부의 정책과 어긋날 경우 성과를 거두기 어렵다. 북한도 한국을 배제하고 미국과 직접 담판을 통해 문제를 해결하겠다는 시도는 엄두도 낼 수 없는 상황으로 변했다. 북핵 문제는 한국 혼자의 힘만으로 풀 수는 없지만, 풀지 못하게 막을 능력은 충분히 갖고 있다.

북미 협상에서 중재자 역할은 무엇일까?

북핵 문제 해결 과정에서 북미 간 '중재자' 역할을 자임했던 문재인 정부가 안팎으로 뭇매를 맞았다. 한국 내 보수 진영은 정부가 미국과 물샐 틈 없는 공조를 통해 북한 핵무기를 폐기시켜야지 중재한다는 게 말이 되냐며 펄쩍 뛰었다. 보수 진영이 생각하는 빈틈없는 한미 동맹이란 한국 정부가 미국 정부의 정책

2019년 6월 30일 문재인 대통령과 도널드 트럼프 미국 제45대 대통령, 김정일 북한 국무위원장이 판문점 남측 자유의 집을 나서며 얘기를 나누고 있다. ⓒ위키미디어

에 따르는 것이다. 사안에 따라 서로 국익이 다르기에 때로 이견과 갈등이 생길 수 있다는 발상은 애당초 존재할 수 없다.

북한도 문재인 정부를 향해 노골적인 불만을 쏟아 냈다. 김정은 위원장은 최고인민회의 시정연설에서 "오지랖 넓은 중재자·촉진자 행세를 할 것이 아니라, 민족의 일원으로서 민족 이익을 옹호하는 당사자가 되어야 한다"면서 "자주정신을 흐리게 하는 사대적 근성과 민족 공동의 이익을 침해하는 외세 의존 정책에 종지부를 찍고 모든 것을 북남 관계 개선에 복종시켜야 한다"고 요구했다.

북한 당국자 머릿속에는 한국 정부가 사대주의 근성이 가득해 미국 눈치만 보며 북남 합의를 실천할 의지가 없다는 편견으로 가득 차 있다. 한국은 북한과 달리 대외 의존도가 높은 개방 경제로 국제사회와 협력이 필요하다는 점은 고려되지 않고, 기회만 생기면 자신들이 현재 유일하게 우위에 있다고 믿는 주체성 분야에서 공세를 펼치고 있다.

중재란 '다툼질 사이에 끼어들어 화해를 시키는 것'인데 국제정치사에서 빛을 발했던 사례가 있다. 1978년 5월에 열렸던 '캠프데이비드 협정'인데, 네 차례나 전쟁을 치렀던 이스라엘과 이집트가 미국의 중재로 평화협정을 맺었다. 미국의 지미 카터 대통령은 사다트 이집트 대통령과 베긴 이스라엘 총리를 워싱턴 교외에 있는 캠프데이비드 대통령 전용 별장으로 초대해 무려 13일 동안의 회담을 통해 이스라엘이 점령하던 시나이 반도 철수를 핵심 내용으로 하는 평화협정을 일궈 냈다.

카터 대통령이 어려운 협상에 중재역을 자임한 데는 기독교적 신념도 작용했지만, 긴박한 미국의 국익 때문이었다. 미국은 1973년 제4차 중동전쟁이 발발하면서 터진 오일쇼크로 치명적 경제 타격을 받았기에 어떻게든 중동 문제를 해결해야 하는 상황이었다. 전쟁에서 이스라엘이 초반 열세를 뒤집고 이집트를 침공하자 아랍 산유국들은 원유 가격을 17% 인상한다고 발표했다. 또한 이스라엘이 점령지에서 철수할 때까지 원유 생산을 매달 5%씩 줄이고, 미국에는 단 한 방울의 석유도 판매하지 않겠다고 선언했다. 5년이 지난 1978년 당시에도 미국은 여전히 그 후유증에서 벗어나지 못하고 있었다.

카터가 처음 생각했던 협상의 방식은 베긴과 사다트가 직접 협상을 하고 미국이 제3자의 위치에서 심판을 보는 것이었다. 하지만 막상 부딪쳐 보니 그런 방식은 불가능했다. 전쟁을 겪은 양국 대표는 감정적이었으며, 처음 3일 동안 베긴과 사다트는 이성을 잃고 서로 상대에 대한 적대적 감정을 쏟아 내기만 했다. 할 수 없이 카터는 협상 방식을 바꿔 4일째부터는 자신이 직접 협상을 주도했다. 온갖 우여곡절을 거쳐 마지막 날 밤에 이르러서야 합의문을 작성할 수 있었다. 불가능할 것 같던 협정이 체결되었다는 소식에 온 세계가 흥분했다. 이집트-이스라엘 평화협정은 1년 뒤 이스라엘 의회 승인을 거쳐 발효되었으며, 양국 사이에는 평화가 찾아왔다.

한국은 한반도 문제의 당사자이지만 북핵 폐기와 한반도 평화 체제 수립이 주요 이슈인 북미 협상에서 중재자 역할을 할 수밖에 없다. 주요 결정과 실행이 북미 양국의 몫이기 때문이다. 과거 6자회담도 형식은 남·북·미·중·러·일 6개국이 동등한 자격으로 참여했지만, 실질적으로는 북미가 먼저 만나 주요 이슈에 대해 합의를 이루고, 이를 나머지 4개국이 추인하는 방식으로 진행되었다. 당시 북한은 미국과의 양자 회담만을 고집했고 미국은 이를 거부했기에 온갖 해프닝이 벌어졌다. 그나마 6자회담이 순항할 수 있었던 것은 한국과 중국의 적극적 중재 때문이었다.

2008년 이후 6자회담 무력화는 중재자가 사라진 것과 관련이 깊다. 북핵 리스트 신고와 검증을 두고 북미 간 갈등이 커졌을 무렵 이명박 정부가 협상 무용론을 주장하자 미국 내 강경파와 일본 정부가 적극 호응하면서 무력화된 것이다. 당사자인 한국 정부가 북한을 믿을 수 없다며 협상 무용론을 펼치는 상황에서 주변국이 무엇을 할 수 있겠는가? 한국 정부가 적극적 중재를 포기하면 한반도 문제는 해결될 수 없는 구조이다.

북핵 문제 너머에 있는 미래는 눈부시다. 적대가 사라지고 남북 간 교류와 협력이 일상화되며 우리 사회의 모든 분야에서 분단 체제에 기생했던 비정상이 정상으로 바뀌게 된다. 남북 통합 경제를 중심으로 일본·중국의 동북3성·러시아의 연해주가 연결된 동북아 경제공동체가 펼쳐진다. 한반도에서 시작된 평화는 동북아 안보협력 체제 구축을 거쳐 전 세계로 뻗어 나간다.

평화와 번영의 미래를 위해 북핵 문제를 해결해야 하지 않겠는가? 중재자든 촉진자든 이름이 중요한 게 아니다. 구차하더라도 팔을 걷어붙이고 중재에 나서야 한다. 한국의 중재가 힘을 발휘하려면 남·북·미 3자회담 형식이 필요하다. 북한을 설득해 남·북·미 3자회담으로 가야 한다. 한국은 중재자로서 협상의 불이 꺼지지 않도록 불쏘시개 역할도 마다해서는 안 된다. 또한 어떤 상황에서도 비관이 절망으로 그래서 협상 포기로 나아가지 않도록 북미를 잘 관리해야 한다.[10]

15 | 북미 협상 훼방꾼, 군산복합체란 무엇인가?

전쟁 무기를 생산·판매하는 군수산업체 입장에서는 한반도가 갈등과 대치 상태에 있는 게 유리하다. 북핵 문제 해결의 가닥이 잡히고 한반도와 동북아에 평화 프로세스가 진행되면 커다란 무기 시장이 사라지기 때문이다. 미국의 군수산업체와 관료, 정치인들이 군산복합체 커넥션을 구성해 북핵 문제 해결을 위한 북미 협상을 방해하고 있다. 군산복합체의 실상을 알아보자.

군산복합체는 왜 한반도 평화 정착을 방해할까?

평창 동계 올림픽을 계기로 남북 관계가 봄날을 누리던 2018년 11월 미국 「뉴욕타임스」에 국제전략연구소(CSIS)가 북한 내에 미신고된 것으로 추정되는 미사일 기지 최소 13곳을 발견했다는 주장이 보도되었다. 즉각 북한을 성토하는 목소리가 미국과 한국에서 봇물처럼 터져 나왔다.

한국의 보수 야당은 "그런 중대한 사실을 국민에게 알리지 않고 북한과 관계 개선에만 매달린 문재인 정부는 국민을 기만한 것"이며, "북한의 이중적이고 음흉한 행태에도 불구하고 왜 그토록 기를 쓰고 김정은을 감쌌는지 대답해야 한다"고 공세를 폈다. 청와대 해명은 약발이 먹히지 않았다.

오히려 "비밀 미사일 기지 발견은 북한의 실질적 위협이 전혀 해소되지 않았음을 보여 주는 것"이며, "제재 완화만을 반복하는 문재인 정부가 걱정"이라고 공세의 수위를 높였다. 급기야 도널드 트럼프 대통령이 나서 "북한이 미사일 기지를 발전시키고 있다는 「뉴욕타임스」의 보도는 정확하지 않다. 우리는 논의된 기지들에 대해 충분히 인지하고 있다. 새로운 건 없다"고 밝히고 나서야 공세는 잦아들었다. 만일 트럼프가 신속히 나서지 않았다면 논란은 상당 기간 지속되었을 것이다. 그 과정에서 남북과 북미 간 진행되던 협상 동력은 사라졌을 게 분명하다.

한반도 평화에 대한 군산복합체(MIC)의 공격은 남북 간 화해 움직임이 중요한 국면에 이를 때마다 어김없이 진행되었다. 1991년 여름 남북 총리급 회담이 순항하고 있을 때 미국 정보기관은 한국 정부에 북한의 핵 개발을 경고했다. 이에 아랑곳하지 않고 노태우 정부가 '남북기본합의서'와 '한반도 비핵화 공동선언'을 체결하자, 그 시각 국제원자력기구는 북한에 '특별사찰'을 요구했다. 특별 사찰은 국제원자력기구가 언제 어느 곳이든 의심나는 곳을 찾아가 사찰하는 것을 말한다.

북한은 주권 침해라며 즉각 반발했고, 1993년 3월 핵확산금지조약 탈퇴를 선언했다. 1차 북핵 위기가 발생한 것이다. 국제원자력기구가 특별 사찰을 북한에 요구한 것은 미국이 제공했던 정보 때문이었다는 게 그 뒤 밝혀졌다.

1998년 8월 김대중 정부의 햇볕정책이 클린턴 정부의 협조로 한창 탄력을 받을 때도 군산복합체는 「뉴욕타임스」에 북한 금창리 지하 동굴 사진을 흘렸다. 북한이 핵 활동 중단 약속을 어기고 이 동굴에서 핵 재처리 시설을 운영한다는 것이었다. 한미의 보수 언론은 즉각 "클린턴과 김대중은 햇볕정책을 폐기하라"고 들고 일어났다. 북한에 식량 60만 톤을 주고 나중에 확인해 보니 그 안에 아무것도 없었다. 2005년 북핵 문제 해결을 위해 남·북·미·중·러·일 6개국이 어렵게 합의했던 '9·19 공동성명'을 깨려고 방코델타아시아 사건을 제기한 것도 그들이었다.[11]

군산복합체 실체는 무엇일까?

미국의 군수산업은 제1차 세계대전 직전 항공기를 개발하면서 시작되었다. 그 뒤 미사일·전투기 등 무기를 생산·수출하면서 지금은 미국 경제를 지탱하는 중요한 축이 되었다. 군수산업체들은 미국 50개 주 전역에 걸쳐 수천 개 공장을 두고 군대뿐만 아니라 행정부와 의회에도 막강한 영향력을 행사한다. 미국 군수산업은 행정부와 정치권까지 아우르는 광범한 군산복합체 커넥션을 구성해 미국 정치를 좌지우지한다.

군산복합체의 폐해가 오죽 심했으면 군 출신으로 제2차 세계대전의 영웅 아이젠하워 대통령까지 나서 그 위험을 경고했을까. 아이젠하워는 1961년 대통령 퇴임 연설에서 "매년 군사 안보에 기업 전체의 순익보다 더 많은 비용을 쓰고 있는데, 이러한 군사 체계와 대규모 군수산업의 영향력이 정치·경제 심지어 정신 분야까지 미치고 있다"며, "깨어 있는 시민과 정부의 각 위원회들은 미국의 자유와 민주적 절차를 위협하는 군산복합체의 영향력을 경계해야 한다"고 경고했다.

록히드 마틴 F-22A 랩터. 지구상에서 가장 센 전투기라 불리며, 미 군산복합체가 가장 자랑하는 전투기이다. ⓒ위키미디어

군산복합체 커넥션은 정치권을 비롯해 광범하게 포진해 있다. 국방부·국무부 등을 비롯한 행정부 요소요소에 자리 잡고 있을 뿐만 아니라 정보기관·연구소 등에도 깊이 뿌리를 내리고 있다. 부시 행정부 시기 네오콘 강경파의 리더였던 딕 체니 부통령과 럼스펠드 국방장관, 하노이 북미 정상회담에서 강경 발언을 쏟아내 회담을 파탄 냈던 존 볼턴 국가안보보좌관 등이 대표적 인사들이다. 존 볼턴은 2001~2004년 기간 국무부 군축 및 국제안보 담당관을 지냈는데 이는 무기 수출과 밀접하게 연관된 직책이다.

군사력 강화 방침을 천명한 트럼프 행정부 출범 이후 미국의 군수산업은 호황을 누렸다. 북핵을 둘러싼 긴장이 고조된 이후에는 주가도 크게 치솟았다. 트럼프 행정부 출범 뒤 불과 1년여 사이에 전투기 등을 생산하는 군수업체인 보잉의 주가는

60% 가까이 올랐으며, 레이시온은 25%, 록히드마틴과 노스럽 그러먼은 20% 가량 뛰었다. 북한의 핵미사일 위협에 대응하기 위해 미국·일본·한국 등의 무기 수요가 증가한데다 이란의 위협과 극단주의 무장세력 이슬람 국가(IS) 소탕전 등 중동 정세의 악화가 맞물린 데 따른 것이다.

한반도는 이들에게 중요한 시장이다. 2016년 기준 미국의 군사비는 6110억 달러로 세계 군사비 총액의 36%를 차지한다. 그 중 아시아-태평양 지역은 전 세계에서 군사비를 가장 많이 쓰는 곳이다. 특히 한국의 군사비는 2000년 15조 원, 2010년 30조 원, 2020년 50조 원으로 시장의 크기도 만만치 않지만 증가폭에서 두드러진다. 한국은 매년 10조 원 이상의 무기를 사들이면서 2008~2012년 미국의 최대 재래식 무기수출국이 되었다.

군산복합체의 입장에서는 남북한의 화해와 협력이 달가울 리 없다. 2018년 9월 평양 정상회담에서 채택된 군사 분야 합의서가 이행되어 한반도에서 긴장이 사라진다면 군사비가 대폭 감소될 것이기 때문이다.

2014년 「조선일보」가 한국안보통일연구원에 의뢰해 조사한 연구에 따르면 남북이 군사적 대치 상황을 해소하고 평화적 통일로 나아갈 경우 한반도의 안보 비용이 남북을 합쳐 연간 20조 원 이상 줄어들 것이라고 한다. 뿐만 아니라 한반도 통일에 따른 안보 비용 감소 효과는 중국·일본 등 주변 국가에까지 미쳐 연간 수십조 원대에 이를 것으로 분석했다.[12]

16 | 일본은 왜 한반도 평화 정착을 방해할까?

> 2019년 7월 일본의 아베 정부는 한국을 상대로 경제 전쟁을 선포했다. 또 미국을 상대로 집요한 로비를 통해 북한이 수용하기 어려운 초강경책을 주문하며 북미 협상을 방해한다. 아베 정부의 목표는 무엇일까? 일본 보수 우익 정부의 입장에 대해 알아본다.

아베 정부는 왜 한일 갈등을 유발하는 걸까?

2019년 7월 일본의 아베 정부가 한국에 경제 전쟁을 선포했다. 반도체 핵심 소재 3개 품목에 대한 수출 규제에 이어 화이트리스트에서 한국을 배제하는 조치를 취한 것이다. 한국 경제의 급소에 해당하는 주요 전략산업의 소재·부품 조달에 차질을 주어 상승세를 꺾겠다는 도발이다. 이는 매년 200억 달러 이상 무역 흑자를 보는 일본이 무역 적자국 한국을 상대로 물건을 안 팔겠다는 점에서 국제 상식에도 어긋난다.

뿐만 아니라 과거사와 영토를 둘러싼 갈등 속에서도 1965년 수교 이래 일관되게 지켜졌던 정경분리 원칙을 깼다는 점에서 충격적이었다. 아베 신조 일본 총리로 대표되는 일본 내 극우 정치 세력의 의도는 뭘까?

일본 정부 당국자는 한국 대법원의 강제 동원 배상 판결이 1965년 체결된 한일청구권협정 위반이라는 주장을 되풀이하고 있다. 그러나 이 주장은 근거가 약하다. 1965년 당시 일본은 청구권 자체를 인정하지 않았다. 한국에 제공했던 5억 달러도 식민지 지배에 대한 배상이 아닌 독립 축하금과 경제 협력 등의 명목이었다.

대법원 판결은 식민지 지배의 불법성을 바탕으로 1910~1945년 일제에 의한 강제 동원은 배상해야 한다는 논리에 기반한다. 이는 국가 간 협상으로 개인 청구권이 소멸될 수 없다는 2000년대 이후 국제법 흐름과도 일치한다. 더욱이 1991년 일본 정부를 대표한 야나이 외무성 조약국장도 "개인 간 문제는 한일청구권협정에도 불구하고 끝난 게 아니다"고 말한 적이 있다.

아베 정부가 취약한 법 논리와 불리한 국제 여론에도 불구하고 과거사를 부정하고 강제 동원 피해자들에 대한 배상을 거부한 것은 몇 푼 안 되는 돈 때문이 아니다. 여기서 물러날 경우 장차 북한이나 동남아시아 국가들과 식민지 지배 청산 협상에서 일본이 밀릴 수 있다는 점을 우려했을 것이다.

식민지 지배 청구권 외에 일본의 극우 정치 세력이 노리는 바가 따로 있다. 바로 동북아시아 안보 지형이 평화적이고 협력적인 방향으로 가려는 것을 막겠다는 것이다. 아베 신조 전 총리는 군대 보유를 금지한 평화헌법 9조를 개정해 일본을 정상 국가로 돌려놓는 게 자신의 신념이며 정치 활동의 목표라고 밝혔다. 1945년 태평양전쟁에서 패배한 이후 미군정하에서 만들어진

아베 신조 전 일본 총리. ⓒ위키미디어

굴욕적인 헌법을 바꿔 강력한 군대를 보유함으로써 메이지 시대 제국의 영광을 되찾겠다는 포부이다. 이들은 부국강병을 실현해 동아시아에서 미국의 후원하에 중국의 부상을 억누르고 패권을 행사하겠다는 꿈을 갖고 있다.

아베 등 극우파의 목표인 헌법 개정을 위해서는 '북한 위협론'이 필요하다. 한반도가 분단된 채 남북한 대립과 반목이 지속되고, 이로 인해 북한의 군사적 도발이 발생하는 게 헌법 개정 여론 조성에 유리한 것이다. 만약 남북한이 교류와 협력을 거쳐 통일로 나아감으로써 한반도에 평화가 정착되고, 동북아 안보 지형이 대립이 아닌 협력 구도로 바뀐다면 이들의 꿈은 물거품이 된다.

남북 관계가 화해 국면으로 들어설 때마다 터지곤 했던 '북한 위협론' 배후에는 군산복합체와 일본의 극우파들이 있다. '북한 위협론'의 산실인 미국 국제전략연구소의 주요 자금줄이 바로 일본 기업들이고 그 배후에 극우파가 웅크리고 있는 것이다. 극우파 본산인 '일본회의'는 회원 수 4만여 명에 소속 국회의원 수만 280여 명에 이르는 거대 정치조직이다. 아베 내각의 각료 대다수도 여기에 소속되어 있는데, 그간 국기·국가법 제정, 외국인 지방 참정권 반대, 교육기본법 개정 운동에서 성과를 냄으로써 '일본회의'가 일본 사회를 지배한다는 평가를 받고 있다.

아베 정부의 도발 배경에는 2018년 평창 동계 올림픽 이후 남북한 관계가 빠르게 개선되고 북미 협상이 급진전되는 것에 대한 우려와 초조감이 작용하고 있다.[13]

지소미아 갈등은 왜 일어났을까?

2019년 9월 문재인 정부의 지소미아(GSOMIA, 한일 군사정보보호협정) 종료 결정 이후 후폭풍이 거세게 일었다. 일본 아베 정부의 반발이야 적반하장의 억지라 치더라도, 미국 정부 당국자의 거듭되는 공개적 불만 표출은 이례적이었다. 국내에서도 한미 동맹이 파탄나 안보가 위험해졌다는 보수 진영의 아우성이 대단했다. 왜 그랬을까?

지소미아 종료 결정을 두고 미국 국방부 대변인은 "강한 우려와 실망을 표한다"는 성명을 발표했다. 국무부는 한술 더 떠 "문재인 정부의 결정은 동북아에서 우리가 직면한 안보적 도전에 대해 심각한 오해를 나타냈다"고 논평했다.

그간 미국이 여러 경로를 통해 지소미아 연장을 요청했기에 '실망했다'는 표현은 예견된 일이지만, 국무부의 '안보적 도전에 대해 심각한 오해'라는 논평은 특이하다. 국무부가 말한 동북아에서 안보적 도전이란 중국의 부상과 기존 동북아 질서에 대한 변경 시도를 지칭하는데, 동맹국 한국이 이를 제대로 이해하지 못한다는 불만이다.

무역 전쟁으로 시작된 미중 패권 싸움은 날이 갈수록 전방위로 확산되었다. 신흥 세력이 부상해 기존 패권 세력을 위협할 경우 전쟁으로 치닫는다는 '투키디데스의 함정'이 현실화되는 게 아니냐고 걱정할 정도로 거친 충돌이다. 미국은 중국의 주요 첨단산업 성장을 누르고 세계 패권을 유지하겠다는 속내를 노골적으로 드러내고, 중국은 이에 정면으로 맞서고 있다.

미국은 2011년 오바마 대통령이 '아시아로의 중심축 이동'을 선언한 뒤 아시아·태평양 지역에서 역할을 확대했다. 오바마에 이어 트럼프 대통령도 자국 우선주의를 내세우며 더 직접적으로 중국을 압박했다. 대규모 무역 전쟁을 시작했을 뿐만 아니라 정치·군사적으로도 더 거칠게 중국 봉쇄를 시도했다. 2019년 6월에 발표한 '인도·태평양 전략'은 미국·일본·호주·인도 등이 연합해 중국의 해양 진출을 막겠다는 구상이다. 동북아에서는 미일 동맹을 강화하고 일본의 역할을 확대해 한미 동맹과 결합시켜 한미일 군사동맹을 추진한다는 생각이다.

한국 정부의 생각은 이와 다르다. 문재인 정부의 동북아 안보

질서와 관련된 전략은 2017년 10월 국회 국정감사에서 밝혔던 강경화 외교부 장관의 '3불(不) 원칙'에 담겨 있다.

첫째, 한국은 추가적인 사드 배치를 검토하지 않으며 둘째, 미국의 미사일방어체제(MD)에 동참하지 않고 셋째, 한미일 안보협력을 군사동맹으로 발전시키지 않겠다는 것이다. 문재인 대통령도 그해 11월 싱가포르 언론과 인터뷰에서 "한미일이 군사동맹 수준으로 발전하는 것은 바람직하지 않다"는 입장을 밝혔다.

왜 이런 원칙이 나왔을까? 미중 간 패권 싸움에 휘말려 진퇴양난에 빠졌던 2016년 '사드 사태'의 교훈 때문이다. 인도·태평양 전략의 하위 파트너로 참여해 미일의 선봉대로 중국과 맞설 경우 그 피해는 고스란히 한국 몫이 된다. 더욱이 동북아 질서가 신냉전으로 치닫게 될 경우 남북 간 협력과 통일은 요원해진다. 성장 동력의 소진으로 정체를 겪는 한국 경제가 다시 한 번 도약하기 위해서는 동북아에서 평화적이고 협력적인 안보 질서가 필요하다. 미중 간 협력하는 환경이 절실한 것이다.

문재인 대통령이 천명한 '신한반도 체제'란 동북아의 협력적 안보 질서 속에서 신북방정책·신남방정책·한반도 신경제구상 등 번영 정책을 추진하고, 동시에 남북 평화공동체와 경제공동체를 바탕으로 남북연합의 정치적 공동체로 나아가는 것이다.

지소미아 종료를 둘러싼 파열음은 이처럼 서로 다른 한미일 3국의 이해와 중장기 전략이 정면충돌하면서 나타난 현상이다. 지소미아는 강화된 미일 동맹을 바탕으로 한국을 하위 파트너로 참여시켜 한미일 군사동맹으로 가려는 미국의 구상에서 시작되었다. 하지만 일본과 군사동맹은 안 된다는 국민 여론이 워

낙 강해 2012년 6월 이명박 정부가 비공개로 추진하다 막판에 취소하는 등 우여곡절을 겪었다.

이후 거듭되는 미국의 압박에 박근혜 정부가 굴복하면서 다시 협상이 시작되어 2016년 체결되었다. 지소미아는 한미일 군사동맹은 바람직하지 않다는 문재인 정부의 전략과 일본의 경제 전쟁 도발이 맞물리면서 종료 결정이 내려졌지만, 이후 번복되었다. 미국의 압박에 굴복한 것이다. 힘에 의해 모든 게 결정되는 국제정치의 씁쓰레한 현실이다.[14]

17 | 한국 보수, 왜 북미 협상 못마땅해 할까?

한국의 보수 진영은 북미 협상을 마뜩잖아 한다. 한국인이라면 누구나 다 북핵 문제를 시급히 해결하고 한반도에서 평화 정착을 원할 텐데, 왜 보수 진영은 북미 협상을 싫어할까? 북한을 불신해 협상에 의한 해결 방법을 믿지 않는다면 다른 대안이 있을까? 보수 진영의 북핵 해법을 알아본다.

한국 보수의 실체는 무엇일까?

김대중 정부가 출범한 뒤 대북 포용정책을 추진하면서 남남 갈등이 본격화했다. 특히 노무현 정부 시기 노무현 대통령의 직설적인 화법이 갈등을 더 증폭시켰고 지금까지도 지속되고 있다. 특히 대북 정책·한미 동맹 관련 이슈는 남남 갈등의 단골 소재다. 보수와 진보는 왜 그리 격렬하게 부딪치는 걸까?

미국의 정치학자 바라다트(L.P. Baradat)는 정치 이데올로기의 스펙트럼을 다섯 가지로 분류해 이를 공간적으로 좌에서 우로 급진주의자·진보주의자·온건주의자·보수주의자·반동주의자로 배열했다. 그리고 온건주의를 중심으로 왼쪽을 좌파로 오른쪽을 우파로 설정했다. 그에 따르면 좌파는 인권과 평등주의·국제주의를 강조하는 반면, 우파는 재산권·엘리트주의·민족주의적 가치를 추구한다고 한다. 하지만 바라다트의 좌우 구분은 한국의 현실과 맞지 않는다. 한국에서는 좌파가 민족주의 성향이 강하며 우파는 한미 동맹을 중시해 친미 성향이 강하기 때문이다. 또한 특정한 정치적 이념을 바탕으로 시대를 뛰어넘는 진보·보수를 규정할 경우 개념의 혼란이 발생한다.

고대 로마 케사르가 지배하던 시기, 공화정을 유지하려는 브루투스 같은 사람은 보수주의자, 케사르의 추종자처럼 왕정을 세우고자 했던 사람은 진보주의자로 여겨졌다. 그런데 세월이 흘러 18~19세기 절대 왕정에 대항해 시민계급이 투쟁하던 시기, 왕정을 그대로 유지하려는 세력은 보수주의자, 이에 반해 공화정을 세우려는 사람은 진보주의자로 여겨진다.

진보-보수 개념은 이처럼 시대에 따라 변하며 어떤 특정한 정치 이념이나 사상으로 규정할 수 없다. 진보-보수는 특정한 정치 이념이나 가치와 무관하다. 오히려 사회적 변화에 대한 수용 태도와 행동 양식으로 현존하는 이념과 제도를 비판하고 극복하려는지 아니면 옹호하는지로 구분하는 게 더 타당하다.

진보주의자는 사회적 변화를 적극적으로 옹호·수용하고, 사회의 주요 모순을 신속하게 개혁하려는 태도를 취한다. 또한 인간의 이성을 신뢰하고 지식·합리성을 믿는다. 이에 비해 보수주의자는 사회적 변화에 대해 조심스런 태도를 취하며, 급격한 변화가 유발하는 사회적 비용과 혼란을 두려워한다. 변화는 역사적 계속성 속에서 일어나야 한다고 믿는다. 또한 인간의 이성보다는 오랜 기간에 걸쳐 쌓여 온 사회적 전통이나 경험, 관습 등을 더 신뢰한다.

전통적 보수주의는 변화를 무조건 반대하고 거부하지 않는다. 보수 이념의 원조로 불리는 에드먼드 버크(Edmund Burke)는 "변화의 수단을 갖지 못한 국가는 국가를 보존하는 수단을 갖지 못한다"는 유명한 말을 남겼다. 영국이 급격한 혁명의 소용돌이에 휩싸이지 않았던 것도 변화의 수단을 갖고 있었기 때문이었다. 19세기 후반 영국에서는 노동자 계층의 권익이 대폭 신장됐는데 이를 주도한 것은 보수당의 디스레일리 총리였다. 보수주의는 사회 전반에 걸친 급격한 변화는 거부하지만, 전통과 관례의 연속성 속에서 개량을 추구하는 것이다. 보수주의자가 진보주의에 대해 거부감을 갖는 것은 '이제까지 노력해 쌓아온 진실한 사회제도'를 '대수롭지 않게' 생각하고 함부로 바꾸려 한다고 여기기 때문이다.

한국의 보수는 위와 같은 전통적 보수주의의 장점을 갖지 못한 것 같다. 분단 체제의 영향 때문인데 보수주의 정수라 할 수 있는 '변화의 수단'이 없다. 사회의 핵심 가치를 지키기 위해 보다 덜 중요한 가치를 양보하고 다수 하층민의 요구를 수용하는 유연성이 없다. 자유민주주의를 최고의 가치로 주장하면서도 군사 독재의 권위주의 시기 민주화 투쟁에 적대적이었다. 그리고 노동운동이 격렬하게 일어났을 때 노동자 계층의 권익 신장에 소극적이었다. 민족적 가치를 중히 여기면서도 반공주의에만 매달린 채 분단 극복에는 관심을 보이지 않았다.

한국의 보수는 해방 후 60여 년 동안 집권하면서 산업화에 공을 세웠지만 분단 체제하에서 반공과 친미에 안주해 세상 변화를 등한시했다. 2020년 국가적 재난 코로나19 팬데믹 상황에서도 보수 야당과 보수 언론은 '우한 코로나바이러스'라는 용어를 고집스럽게 사용하며, 국민의 중국 혐오 정서에 편승했다.

누가 봐도 코로나 바이러스의 초기 확산에는 신천지 교회의 책임이 결정적인데, 보수 세력은 교회를 두둔하며 문재인 정부가 중국 눈치를 보느라 중국인 입국 금지 조치를 취하지 않았기 때문이라고 비난했다. 제1야당이 국가적 위기 상황 속에서 대외 의존도가 높은 우리의 처지를 도외시하고 최대 무역 상대국인 중국과 관계를 단절하라고 정치 공세를 편 것이다. 안보 면에서 미국의 전략적 가치가 중요하기에 친미를 할 수밖에 없다면, 경제면에서 중국의 비중을 생각해 친중(親中)을 하자고 주장하는 게 일관된 태도일 것이다.

보수 야당은 2020년 총선에서 문재인 정부가 평양회담에서 북한과 맺은 군사 협약을 파기하라고 공세를 펼치고 '북핵 먼저 폐기'를 주장했다. 북핵 문제를 해결하고 군비경쟁을 줄여 한반도에 평화를 정착시켜야 하는 처지에서 비현실적이고 무책임한 태도였다. 50배 이상의 경제력 격차 속에서 더 이상 돈이 드는 재래식 무기경쟁을 할 수 없는 북한이 억지력 확보를 위해 간난신고 끝에 개발한 핵무기를 그냥 폐기하라고 하면 순순히 따를까?

북한으로 하여금 핵무기를 폐기하게 하려면 체제 유지를 위해 부심하는 북한 정권의 입장도 한번 생각해 봐야 한다. 북한과 아무런 대화 노력도 없이 그냥 목소리만 높이고 한반도 긴장만 고조시키는 게 책임을 중시하는 보수의 태도는 아닐 것이다.

세상은 변화했다. 나라 안도 바뀌고 밖도 바뀌었다. 반공과 친미 일변도로는 국가 운영을 할 수 없는 시대가 된 것이다. 경제력에서 한국의 1/50도 안 되는 나라, 3대째 권력세습으로 봉건적 왕조 국가에 머물고 있는 북한을 상대로 반공만을 외치며,

'적대적 공생관계'를 지속시키려는 행태는 보수의 책임 있는 자세가 될 수 없다. 안보에서는 미국, 경제에서는 중국과 협력이 절실한 환경에서 친미 일변도의 사고만으로는 우리 민족의 생존과 번영을 도모할 수 없다.

보수 진영이 생각하는 북핵 해법은 무엇일까?

한국의 보수는 북핵 해법에서 대화와 협상에 대해 적대적이다. 북한이 핵무기를 포기할 리 없으며, 북한 당국의 말은 "콩으로 메주를 쏜다 해도 곧이듣지 않는다"고 생각하기 때문이다. 한국의 보수는 북한을 불신하고 혐오한다. 체제 경쟁이 끝나 국력에서 한국이 북한을 압도하는 상황인데도, 여전히 북한은 남침 야욕이 있어 조금만 방심하면 적화통일이 될 수 있다고 걱정한다. 북한의 김정은 정권은 자국민을 굶주리게 하며 핵과 미사일 개발에 돈을 쓰는 무도한 집단이라고 혐오한다. 북한이 요구하는 평화협정 체결도 절대 들어줘서는 안 된다고 주장한다. 주한 미군을 한반도에서 철수시키려는 위장 평화 공세이기 때문이다.

전통적 보수가 대체로 민족주의 성향이 강한데 비해 한국 보수의 주류는 친미적 성향이 강하다. 한국 보수가 1940년대 중후반 해방공간에서 미군정 후원 아래 정치 세력화했고, 이후 미국과 긴밀한 관계 속에서 사회적 입지를 확보했던 역사 때문이다. 한국 보수는 한미 동맹을 자유와 번영을 보장하는 생명줄로 여기고 있다. 안보를 지키는 핵심 수단이 바로 한미 동맹이라고 믿기 때문이다.

따라서 미중 갈등이 벌어질 경우 확실하게 미국 편에 서야 한다고 주장한다. 미국의 의심을 사게 돼 버림받으면 나라가 위태로워진다고 생각하기 때문이다. 중국을 견제하는 방법은 한미동맹을 강화하는 길밖에 없다고 주장한다. 자국의 국력이 조금 신장되었다고 오만해져 주변국을 강압적으로 대하는 중국에 비해, 미국은 태평양 건너에 있는 국가로 영토에 대한 야심이 없기 때문에 믿고 의지할 수 있는 국가라고 생각한다.

북핵 해법으로 대화와 협상에 회의적이기 때문에 보수의 대안은 무력으로 해결하는 방법과 억지력을 강화하며 북한을 제재하거나 압박해 항복을 받아 내는 방법밖에 없다. 한국 보수 중에서 북한 핵 시설에 대한 폭격 등 군사적 방법을 사용하자는 사람은 없다. 속생각이야 어떤지 모르지만 공개적으로 무력 사용을 주장할 경우 엄청난 사회적 비난을 받기 때문이다.

억지력 강화를 주장하는 사람들이 대부분이다. 사드 추가 배치 등 미사일방어체계 강화로 억지력을 강화하고 북한을 경제제재로 압박하면 언젠가 항복할 것이라고 믿는다. 강경파는 미국의 전술핵 재배치 등을 주장하기도 한다. 억지력 강화 방법의 문제점은 앞에서 다뤘기 때문에 반복할 필요는 없을 것이다. 다만 실효성이 없다는 점은 다시 강조돼야 한다.

한국 보수는 북한 문제와 관련해 미움과 혐오의 감정 때문에 '있는 그대로'가 아니라 '보고 싶은 대로' 보는 태도를 갖고 있다. '있는 그대로'를 인정하지 않으니 정보가 왜곡되고, 이를 바탕으로 정책을 찾으니 현실적이고 실용적인 방법이 나올 리 없다. 보수주의의 장점은 특별한 원칙을 신봉하지 않고 유연한 태도를 갖는 점이다. 인간의 욕망을 긍정하고 인간 본성을 인정하기 때문에 특정한 도그마에 매달리지 않는다. 따라서 보수주의는 실용주의·실리주의와 친화력이 있다. 굳이 보수주의자가 추구하는 원칙이 있다면 그것은 실리주의이다. 실리주의란 현안을 해결하는 데 최대의 효율성을 추구하는 것이다.

따라서 보수주의자는 실리 외에 고수해야 할 원칙이 없으므로 변화하는 현실에 맞춰 언제든 변신할 수 있다. 한국의 보수는 민족의 흥망이 걸린 북핵 해법에 경직된 도그마를 버리고 실리주의로 되돌아가야 한다. 반공과 친미가 민족의 생존과 번영보다 더 중요할 수는 없지 않은가?

3장
한반도 평화 체제

한반도에서 항구적 평화 정착이란 과제는 북핵 문제와 한반도 평화 체제가 연계된 환경에서 비롯되었다. 한반도 평화 체제는 전쟁을 법적으로 종결시키고 전쟁 방지와 평화를 위한 제도적 장치를 마련하는 것을 의미한다. 평화 체제 구축을 위해서는 법적으로 정전협정을 평화협정으로 대체하고 남북 간 군사적 신뢰 구축과 군축을 실현해 평화의 물리적 조건을 조성하는 것이다. 국제 정치적으로는 북미·북일 관계를 정상화시켜 한반도에서 냉전 체제를 해체하는 것이 필수적이다.

3장에서는 한반도 평화 체제 구축의 핵심인 평화협정과 북미 관계 정상화, 중간 단계로서의 종전 선언, 그리고 동북아에서 안보협력 체제 구축 문제를 살펴본다.

18 | 평화협정은 왜 필요한가?

올해로 6·25전쟁 71주년을 맞이했는데도 왜 지금까지 평화협정 얘기가 나오는 걸까? 전쟁이 끝날 때 체결했던 휴전협정과 평화협정은 어떻게 다른 걸까? 1953년 7월 휴전을 위해 체결했던 정전협정이 안고 있던 문제점과 평화협정이 한반도 현실에서 왜 필요한지 알아본다.

정전협정으로 평화가 정착될 수 있을까?

전쟁을 끝내고 평화를 정착시키기 위해서는 대체로 휴전협정 체결로 전투를 중지시키고, 평화협정을 체결해 영토 획정과 전쟁책임 문제를 마무리한 뒤 외교 관계를 정상화하는 수순을 밟는다. 그런데 한반도에서는 휴전협정 체결과 함께 전쟁이 끝난 지 70여 년이 지났는데도 지금까지 아무런 진척이 없다. 6·25전쟁은 1950년 당시 인구 약 2500만 명 중에서 500만 명 이상의 희생자를 냈던 끔찍한 전쟁이었다. 그런데 아직도 전쟁을 종식하지 못하고 휴전 상태에 있다. 전쟁은 끝났지만, 끝나지 않은 채 한반도는 갈등과 긴장 상태를 벗어나지 못하고 있다.

1953년 7월 6·25전쟁을 끝내기 위해 체결했던 군사정전협정*은 많은 문제를 안고 있다. 첫째, 정전협정에도 불구하고 남북

1953년 7월 정전협정에 서명하는 유엔군·중국군·북한군 대표. ⓒ위키미디어

간 군사 충돌이 계속되었다. 군사정전위원회가 가동된 1953년 7월부터 1994년 4월까지 유엔사령부가 집계한 북한 측의 협정 위반 건수는 42만 5271건, 북한이 주장한 남측의 위반 건수는 83만 5563건에 달할 정도이다.**

둘째, 정전협정 체결 이후 지금까지 협정의 주요 합의가 제대로 지켜지지 않고 있다. 5개조 63개항으로 구성된 정전협정은 8개항 2개목 정도만 유효했는데, 그마저도 북한이 1992년부터 군사정전위원회를 거부해 무력화되었다. 정전 상태를 관리할 군사정전위원회가 열리지 않자, 이를 대체하기 위해 4자회담과 유엔군·북한군 장성급 회담이 개최되었으나 4자회담은 1999년 이후 중단되었다. 장성급 회담도 2009년 3월 이후 중단된 상태이다. 따라서 6·25전쟁 이후 지금까지 평화가 유지됐던 것은

---

* 정전협정과 관련해 미군은 휴전(cease fire)이라 부르기를 좋아했으나 조약문서에는 정전(armistice)이라고 적혀 있다. 미국 국방부는 교전중지(truce)라고 명명했다. 이 같은 명칭에서도 6·25전쟁의 휴전은 종전을 의미하는 게 아니라는 걸 알 수 있다.
** 군사정전위원회가 가동된 1953년 7월~1994년 4월 유엔사와 북한은 매달 판문점에서 '정전협정 위반현황 통계'를 상호 통보하고 교환했다.

정전협정 때문이 아니라, 남북한 어느 한쪽이 공격할 경우 다른 쪽이 반드시 보복했던 경험에서 비롯된 '공포의 균형' 때문이다.

셋째, 한국군은 당사자인데도 정전협정 체제에서 아무런 자격과 권한이 없다. 협정의 명칭이 '국제연합군 총사령관을 일방으로 하고 조선민주주의인민공화국 최고사령관 및 중공인민지원군 사령원을 다른 일방으로 하는 한국 군사정전에 관한 협정'인데, 이름에서 보다시피 한국은 협정 당사자가 아니므로 아무런 권한이 없다. 현재 이름밖에 없는 유엔사령부가 권한을 남용해 횡포를 부리는 것도 여기에서 유래하는 것이다.

유엔사는 남북 도로와 철도 연결을 위한 남측 실무단의 방북, 비무장지대(DMZ) 평화구축을 위한 제반 활동 등 남북 간 협력을 수시로 방해하고 있다.

2018년 8월 남북철도 경의선 북쪽 구간 현지 조사, 2019년 6월 태봉국 철원성터 남쪽 지역 현지 조사, 2019년 6월 한·독 통일자문위원회 고성 감시초소 방문, 2019년 8월 통일부장관 대성동 마을 방문 기자단 출입, 2019년 10월 전국체전 100회 기념 공동경비구역 성화 봉송 등을 모두 불허했다.

유엔사는 비무장지대 출입을 불허할 때마다 '안전' 한지를 증명하라고 요구하는데 명확한 기준도 없다. 더욱이 안전 문제는 한국군이 전적으로 책임지고 있는 실정이다. 유엔사는 전쟁이 끝나면 해체되는 게 순리인데도 지금까지 남아서 남북 간 군사 문제에 일일이 간섭하고 있다.

'한반도 평화 체제'가 국제적으로 공론화된 것은 2005년 '9·19 공동성명'부터다. 북한 핵 문제가 불거진 후 열렸던 남·북·미·중·러·일 등 6자회담 합의문인 '9·19 공동성명'의 주요 내용이 북핵 폐기와 한반도 평화 체제 구축의 동시 추진이다.

'한반도 평화 체제'란 전쟁을 법적으로 종결시키고, 전쟁 방지와 평화 유지를 위한 제도적 장치를 마련함으로써 전쟁 상태를 평화 상태로 전환시키며, 상호 적대적 긴장 관계를 초래했던 요인들을 없앰으로써 항구적 평화가 실현된 상태이다. 한반도 평화 체제는 법적 측면에서 정전협정을 평화협정으로 대체하고, 군사적 측면에서 남북 간 신뢰 구축과 군축을 실현해 평화의 물리적 조건을 성숙시키며, 국제정치적 측면에서 북미·북일 관계를 정상화시켜 한반도를 둘러싼 냉전 체제를 해체하고, 관련국 사이에 갈등과 긴장을 해소하는 것 등을 포함한다.

평화협정은 문서에 의한 교전 당사자 간 합의를 뜻하며, 국제법적으로 협정·조약·의정서 등 명칭에 관계없이 동일한 효력을 갖는다. 전쟁의 당사자였던 남한·북한·미국·중국 사이에 체결될 평화협정은 남북 간 적대 관계와 군사적 갈등 관계를 해소시켜 평화를 정착시키고 교류와 협력을 거쳐 통일로 가는 데 꼭 필요한 과정이다. 또한 평화협정은 한반도 비핵화와 냉전 구조 해체를 촉진하기 위한 수단으로 활용할 수도 있다.

평화협정을 체결하는 데는 수많은 쟁점을 정리하기 위한 시간이 필요하다. 한반도의 경우 분단이 유지되는 상태에서 평화 정착을 다뤄야 하기 때문에 북방 한계선 문제·주한 미군 문제·전쟁 방지를 위한 군사적 조치 등 복잡하고 어려운 문제가 즐비하다. 그렇지만 70여 년이 지나도록 아무런 진척이 없다는 것은 괴이한 일이다. 베트남 전쟁 등 주요 국제전들이 휴전 뒤 평화협정 체결까지 10년 안팎의 기간이 걸렸던 점을 감안할 때 더욱 그렇다.

한반도에 평화를 정착시키고 분단을 극복하기 위해서는 정전협정 체제를 계속 끌고 가려는 세력과 건곤일척의 싸움이 불가피하다. 한국민의 일방적 희생 위에서 정전협정 체제 세력들의 기득권 고수 행태는 더 이상 용납될 수 없다. 이제 한국은 더 이상 주변 강대국에게 일방적으로 휘둘리는 약소국이 아니다. 우리 민족은 한반도의 반쪽인 남한만으로도 경제 규모 세계 10위, 군사력 세계 6위로 급성장한 저력 있는 민족이다.

이제 한국은 국력에 걸맞은 대우를 국제사회에 요구할 권리가 있다. 주변국들도 우리와 선린 관계를 유지하기 위해서는 정전 체제를 마무리하는 데 협조해야 한다. 특히 한국의 동맹인 미국은 한국인의 염원을 외면해서는 안 된다. 미국은 온갖 풍파를 일으키는 유엔사를 해체하고, 비무장지대 등의 군사관리권을 '판문점선언 이행을 위한 군사분야합의서'에서 남북한이 합의했던 '남북 군사공동관리위원회'에 넘겨야 한다.

평화협정이 체결되면 주한 미군은 철수하는가?

평화협정 이슈는 남남 갈등의 주요 소재이다. 진보 진영은 한반도에 평화를 정착시키기 위해 평화협정이 꼭 필요하다는 입장이다. 이에 반해 보수 진영은 북한의 평화협정 체결 주장이 주한 미군을 철수시킨 후 남침을 시도하려는 전략으로 위장 평화 공세라고 주장한다.

정전협정 제4조 60항은 "3개월 이내에 정치회담을 소집해 외국 군대의 철수와 한반도 문제의 평화적 해결 문제를 협의한다"라고 규정되어 있다. 이에 근거해 1954년 4월 스위스 제네바에서 열렸던 정치회담에서 남한과 미국은 한반도에서 유엔의 역할과 활동을 합리화하는 주장을 펼쳤다. 반면 북한과 중국은 미국의 침략자적 역할을 부각시키며 유엔의 한반도 문제에 대한 직접 관여를 반대했다.

유엔군사령부를 포함한 주한 미군 철수 문제는 1958년 중국 인민지원군이 모두 북한에서 철수하면서 다시 주요 이슈로 떠오르게 된다. 1975년 11월 제3세계 국가들의 대거 유엔 가입으로 미국의 주도권이 약해진 상황에서 열렸던 유엔총회에서는 유엔군사령부를 해체하고 유엔 기치하에 남한에 주둔하던 모든 외국군을 철수시키라는 결의문이 채택되었다. 북한은 이를 근거로 줄곧 주한 미군의 철수를 주장했다.

남북 관계가 개선되면서 주한 미군 철수와 관련된 북한의 태도가 바뀌었다. 2000년 6월 김정일 국방위원장은 남북 정상회담에서 1992년 초 김용순 조선노동당 비서를 미국에 특사로 보내 미군이 계속 한반도에 남아서 남과 북이 전쟁을 하지 않도록 막아 주는 역할을 요청했다고 밝혔다.

또한 김정일은 주변 강대국이 한반도의 전략적 가치를 탐내 침략했던 역사적 사례를 들면서 동북아의 역학 관계로 미뤄 한반도 평화를 유지하기 위해서 미군이 주둔하는 것이 좋겠다고 말했다. 김대중 대통령이 왜 언론 매체를 통해 계속 미군 철수를 주장하는지 묻자, 김정일은 우리 인민들의 감정을 달래기 위한 것이니 이해 바란다고 답했다.

임동원 전 통일부 장관에 따르면 김정일이 김용순을 통해 전달한 메시지는 1991년 12월 남북기본합의서 채택을 전하며 북미 관계 개선을 희망하고, 미군이 주둔하되 '미군의 지위와 역할'을 변경해 북한에 적대적인 군대가 아닌 평화유지군 같은 역할을 바란다는 것이었다고 한다.

평화협정을 둘러싼 남남 갈등은 비약된 논리를 바탕으로 진행된다는 점에서 소모적이다. 평화협정 체결 과정에서 한미 동맹과 주한 미군의 위상 재정립 논의는 불가피하겠지만 이를 주한 미군 철수로 직결시키는 것은 논리적 비약이다. 그러나 한미 동맹과 주한 미군 문제는 한반도 평화 체제 구축 과정에서 풀어야만 할 중요한 과제다. 한미 동맹에 변화가 생기면 한미 양국은 물론 북한과 중국에 직접적인 영향을 끼치며 일본과 러시아에도 파장이 미치는 전략적 사안이기 때문이다.

미국은 주한 미군의 감축 재배치와 함께 역할 확대를 꾀하고 있다. 주한 미군은 기존 임무의 상당 부분을 한국군에게 이양하고 '전략적 유연성' 아래 북한의 남침을 막기 위한 붙박이 군대가 아닌, 한반도를 들락거리며 테러전 등에 투입될 수 있는 '신속 기동군'으로 전환하고 있다. 이는 주한 미군이 평화 체제 구축 이후에도 한반도에 계속 남겠다는 의지이다. 또한 한미 동맹을 통한 지역 균형자의 역할을 계속하겠다는 중장기 구상이다.

한반도 통일에 대해서도 미국의 계산은 복잡할 수밖에 없다. 먼저 통일 이후 한미 동맹의 지속 가능성에 대한 우려이다. 2000년대 초반 남북 간 화해 협력 분위기 속에서 한국 사회가 한미 동맹 변화에 대해 다양한 대안을 고민했다는 점을 고려할 때 통일 이후 한미 동맹의 향방은 예측하기 어렵다.

미국 입장에서는 통일 이후 주한 미군의 주둔과 전진 배치가 위협받을 수 있다고 우려할 것이다. 통일 이후 인구 8000만 통일 한국이 미중 간 어떤 외교적 스탠스를 취할지도 미국에게 중요한 문제이다.

미국 내 일각에서는 한중 간 심화된 경제 관계, 유교문화권으로서 오랜 역사를 함께 한 문화적 유대 등을 들어 통일 한국이 중국에 편향될 것을 우려한다. 더욱이 중국은 지속적으로 경제 성장을 하고, 미국은 상대적 쇠퇴를 거듭하는 속에서 미중 간 전략 경쟁이 본격화될 경우 통일 한국은 중국의 부상에 편승해 자국의 국익을 추구할 것으로 염려할 수 있다. 이 같은 미국의 우려는 한반도 정책을 결정하는 데 중요한 요소로 작용한다.

주한 미군의 한반도 주둔 여부는 미국의 세계 전략과 동북아 전략 속에서 미국 행정부가 결정할 문제이다. 평화협정 체결 문제와는 아무 관계가 없다. 다만 평화협정 체결 등 한반도 평화 체제 구축 과정에서 한미 동맹, 주한 미군의 지위와 역할 문제는 논의될 수밖에 없다. 한반도의 평화 정착과 통일, 동북아 평화와 세계 평화를 위해 당사국 간 머리를 맞대고 상생의 지혜로 답을 찾으면 될 것이다.

한미 연합 군사훈련에 북한은 왜 민감하게 반응할까?

해마다 3월이 되면 한미 연합 군사훈련이 실시되며 이로 인해 한반도에 군사적 긴장이 높아진다. 2월 말부터 시작되는 키리졸브(Key Resolve) 훈련은 유사시 미군 증원군이 한반도에 배치돼 반격 작전을 펴는 것을 연습하는 훈련이다. 1994년 한미 연합 전시증원연습까지는 미군이 작전을 주도했으나, 2008년 전시작전권 전환에 대비해 한국군 지원 업무 위주로 바뀌면서 이름도 키리졸브로 바뀌었다. 독수리(Foal Eagle) 훈련은 북한군 특수부대의 후방 침투에 대비하는 연습이다. 1961년에 시작됐으나 2001년부터는 키리졸브와 통합해 실시하고 있다.

 8월 하순에 실시하는 을지프리덤가디언(Ulchi-Freedom Guardian) 훈련은 한반도 우발 상황을 가정해 한미 연합군의 협조 절차 등을 숙지하는 합동군사연습이다. 1968년 1월 북한 특수부대가 청와대 인근까지 침투한 '1·21 사태'가 터진 뒤 공무원들의 비상 훈련인 을지연습을 시작했는데, 1976년 포커스 렌즈(Focus Lens)로 통합해 을지포커스렌즈(Ulchi-Focus Lens) 연습으로 실시되었다. 2008년 전시작전권 전환에 대비하며 을지프리덤가디언 훈련으로 이름이 바뀌었다.

 대규모 한미 연합 군사훈련이 시작된 것은 1969년 3월이다. 15일 동안 이뤄진 포커스 레티나(Focus Retina) 훈련에 미군 병력 7500명, 차량 2700대, 장비 2900t, 수송기 27대 등이 미국 본토에서 공수되어 참여했다. 당시 베트남 전쟁에 투입되었던 미 공군 최신예 수송기 C-141 스타리프터도 한반도에 처음 등장했다.

 1971년부터는 프리덤볼트(Freedom Vault)로 명칭을 변경해 총병력 3000여 명이 참가해 이전 연습보다는 규모를 축소해 진행되었다. 하지만 공군 F-4D, F-5A, F-86 전폭기를 동원해 화력을 키웠다. 이때도 미군의 정예인 82공수사단 병력 700여 명이 수송기 13대에 나눠 타고 1만 4000km를 날아와 훈련에 참여했다.[1]

 한미 연합 군사훈련이 대규모로 시작된 것은 베트남 전쟁이 한창이던 시기이다. '1·21 사태' 직후 북한이 한국 대통령을 암살한 뒤 남침할 수 있다는 위협이 커졌던 때이다. 또한 지금과 달리 한국의 국력과 군사력이 북한을 단독으로 막아 내기 버겁던 시기였다. 훈련은 1976년 6월 팀스피릿(Team Spirit)으로 이름이 바뀌어 1993년까지 연례적으로 실시됐다. 북한군 침공을 방어하고 대규모 증원 병력으로 북한군을 격퇴하는 능력을 키웠다. 훈련은 북한군 침공에 대응해 단순 방어를 한다는 전략에서 점차 북한 지역으로 전선을 확대하는 계획을 추가했다.

한미 연합 군사훈련이 실시되면 북한은 전시 체제로 전환해 군단급 기동훈련 등 맞대응 훈련을 벌였다. 한미 연합 군사훈련의 규모가 점차 늘어나면서 북한의 피로도가 높아졌다. 김일성 주석은 1984년 동독의 공산당 서기장 에리히 호네커를 만난 자리에서 "한미가 팀스피릿 훈련을 벌일 때마다 우리는 매번 노동자들을 군대로 소집해 대응해야 하며, 이 때문에 1년에 한 달 반 정도 노동력에 차질이 생긴다"고 말했다. 1993년 김일성 주석을 만났던 개리 애커맨 미 하원의원은 "김일성은 팀스피릿을 거론할 때 손을 부들부들 떨었다"고 전했다.

북한이 매년 3월에 시행되는 한미 연합 군사훈련에 예민하게 반응하는 이유는 그때가 농번기라 이를 놓치면 한 해 농사를 망치기 때문이다. 북한 인민군은 농번기에 농사일에 동원되는데, 농기계가 부족한 북한의 실정에서 인민군이 모내기 등을 돕지 않으면 농사에 차질을 빚게 된다.

북한이 더욱 예민하게 반응하는 것은 미군 첨단 전략무기의 위력 시위이다. 한반도에 긴장이 높아지면 미국 공군기지에서 B-52 폭격기, B-1B 랜서, B-2 스텔스 폭격기, F-22 랩터 전투

B-1B 폭격기. ⓒ미 공군=위키미디어

기 등이 날아와 한반도 상공에서 위력 시위를 벌인다. 하늘을 나는 요새로 불리는 B-52 폭격기는 전투기 수십 대가 동시에 출격하는 파괴력을 갖추고 있다. 핵과 정밀유도폭탄 등 다양한 폭탄과 미사일을 탑재할 수 있고, 두 대가 해양에서 2시간 안에 36만 km^2의 넓은 지역을 감시할 수 있다.

B-1B는 최소 34t의 무기를 탑재하고 마하 1.2의 속도로 괌에서 출격하면 2시간 만에 한반도에 도착할 정도로 빠른 속도를 자랑하는 폭격기이다. 교란 장치와 레이더를 장착해 다양한 작전을 펼칠 수 있다. 가오리 모양의 B-2 폭격기는 강력한 스텔스 기능을 가진 전천후 폭격기이다. 레이더에 포착되지 않은 채 적의 방어망을 뚫고 표적을 정확히 타격하는 능력이 탁월하다. 게다가 18t에 달하는 다양한 무기를 탑재하고 중간 급유 없이 초음속으로 1만 km 가까이 비행할 수 있다.

F-22는 미군이 자랑하는 세계 최강의 전투기이다. 강력한 스

텔스 기능으로 적의 탄탄한 방공망을 뚫고 언제든 정밀 타격할 수 있는 능력이 탁월해 선제타격을 할 경우 1순위로 꼽히는 전투기이다. 지난 2016년 2월 처음으로 1개 편대가 한반도 상공에 출동해 북한에 대해 무력시위를 벌였다.[2]

미군의 전략무기는 뛰어난 성능으로 인해 북한에게는 가공할 위협이다. 미국이 마음만 먹으면 언제든 북한의 주요 시설과 김정은 등 북한 지도부까지 제거할 능력이 있기 때문이다.

북한은 1990년대 초 시작된 비핵화 협상에서 한미 연합 군사훈련 중단을 거래조건으로 제시했다. 1994년 3월 한미는 훈련을 중단했고 그해 10월 '제네바 합의'가 체결됐다. 한미는 비핵화 협상이 진전되던 1997년까지 대규모 기동훈련을 중단하고 증원연습만 별도로 실시했다. 새로 도입한 한미 연합 전시증원연습은 컴퓨터 시뮬레이션 중심으로 증원군과 군수물자 파병절차를 숙달하는 훈련이다. 2008년부터는 키리졸브로 명칭이 바뀌어 매년 3월 컴퓨터 시뮬레이션을 이용해 워게임 중심의 지휘소 연습으로 이뤄지고 있다.

2018년 한미는 훈련을 취소하기로 결정했으며 6월에 열린 북미 정상회담에서 트럼프 대통령은 김정은 위원장에게 한미 연합 군사훈련은 "도발적인 전쟁게임"이라며 중단을 약속했다. 한국 국방부는 『2020 국방백서』에서 "독수리 훈련은 북한의 비핵화를 유도하기 위한 군사적 뒷받침의 하나로 한미 국방부 협의로 종료했다"고 밝혔다. 이후 대대급 이하 소규모 단위로 나눠서 진행하고 있다.

키리졸브는 2020년부터 연합지휘소훈련(CCPT)으로 명칭이 바뀌었으며, 키리졸브와 을지프리덤가디언 연습을 대체하는 연합지휘소 훈련을 매년 전·후반기 각 1회씩 실시한다. 연합지휘소 훈련은 연합 방위의 지휘와 전쟁 수행 절차를 숙달하는 데 목적을 두며, 전시작전권 전환에 대비한 미래연합군사령부의 운용 능력 검증 평가도 병행한다.

평화 프로세스를 추진하는 문재인 정부 입장에서 한미 연합 군사훈련은 고민거리이다. 미국으로부터 전시작전권을 조기에 환수하기 위해서는 훈련이 필요한데, 남북 관계 호전을 위해서는 훈련 축소가 불가피하기 때문이다.

2014년 10월 한미 군 당국 간 합의한 '조건에 기초한 전시(戰時)작전통제권 전환'은 기본운용능력, 완전운용능력, 완전임무능력 3단계의 검증 평가를 거쳐 추진하기로 되어 있다. 미국 측은 연합훈련을 통해 능력 검증이 돼야 한다는 입장이다. 한편 북한은 판문점 선언 등 남북 합의를 충실히 이행할 것을 요구하는데 그 핵심이 바로 한미 연합 군사훈련의 중단이다.

강군 육성을 위한 군사훈련은 주권 국가의 주권 행위로 해당 국의 군 당국이 스스로 결정할 문제이다. 그러나 과시적 행사로 주변국에 심리적 위협을 주는 훈련 행태는 자제될 필요가 있다. 상대방도 군비 강화를 추진해 안보가 더 위험해지는 안보 딜레마가 발생하기 때문이다.

19 | 종전 선언은 왜 필요한가?

6·25전쟁은 오래 전에 끝났는데 종전 선언을 새삼스레 왜 해야 하냐고 묻는 사람이 많다. 종전 선언은 어떤 의미가 있는 걸까? 또 남북미 정상이 만나 종전 선언을 하면 무엇이 바뀌는 걸까? 종전 선언이 이슈로 부각된 배경과 그 추진 필요성에 대해 알아보자.

종전 선언은 어떤 의미가 있을까?

애초 종전 선언 구상은 미국의 조지 부시 대통령으로부터 나왔다. 부시 대통령은 2006년 11월 한미 정상회담에서 북한이 핵을 포기하면 자신이 노무현 대통령과 함께 북한의 김정일 위원장을 만나 6·25전쟁의 종전 선언에 공동으로 서명할 수 있다고 말했다. 북한의 요구사항인 평화협정 체결이 당장 어렵기 때문에 중간 단계로 종전 선언을 통해 북한의 안보 위협을 해소해 주겠다는 발상이었다.

당시 북한 반응은 차가웠는데 종전 선언의 실효성이 분명치 않다는 점 때문이었다. 북한 반응이 시원치 않자 미국도 소극적으로 바뀌었다. 종전 선언이 다시 이슈로 부각된 것은 2018년 4월 판문점 선언에서였다. 판문점에서 열린 제3차 남북 정상회담에서 문재인 대통령과 김정은 국무위원장이 2018년 연내에 종전을 선언하고, 정전협정을 평화협정으로 바꾸기 위해 남·북·미 3자 또는 남·북·미·중 4자회담 개최를 추진하기로 합의했던 것이다.

전쟁을 마무리하는 평화협정을 체결하기 위해서는 수많은 쟁점에 대해 당사자가 합의해야 한다. 영토선 획정·전쟁 재발 방지대책·전쟁 책임 문제 등 합의가 어려운 사안이 즐비하다. 6·25전쟁의 경우 무승부로 끝났기 때문에 분단이 지속되는 상태에서 평화 정착 문제를 다뤄야 한다. 북방한계선(NLL) 문제·주한 미군 문제·전쟁 재발 방지를 위한 군사적 대책 등 복잡하고 어려운 쟁점이 즐비해 합의까지는 오랜 시간이 소요될 수밖에 없다.

더욱이 북핵 문제가 불거졌기 때문에 북한의 핵무기·미사일 등 대량살상무기 폐기와 북한이 느끼는 안보 위협을 해소하는 협상이 필요하다. 협상 타결까지 5년이 걸릴지 10년이 걸릴지 알 수 없다. 각 이슈마다 "악마는 디테일에 있다"는 말처럼 함정이 곳곳에 도사리고 있어 합의가 될지조차 불투명하다.

종전 선언 구상은 평화협정 체결이 이처럼 어렵고 오랜 시간이 필요하기에 그 대안으로 나온 것이다. 남·북·미 정상이 만나 정치적으로 종전을 선언함으로써 북핵 폐기와 한반도 평화체제 구축의 동력을 먼저 만든 후 평화협정 체결로 나아가는 프로세스의 연결고리인 셈이다. 종전 선언은 말로 하는 '선언' 이상의 의미를 갖고 있다.

종전 선언이 이슈로 떠올랐을 때 마크 토콜라 한미경제연구소 부소장이 '미국의 소리' 방송에서 "사실상 6·25전쟁을 끝낸 상황에서 종전 선언이 왜 필요한지에 대해 혼란스럽다"고 비판한 것은 미국의 책임을 망각한 비아냥에 다름 아니다. 종전 선언은 평화협정 체결이 어려운 상황에서 한반도 평화 프로세스를 진척시키는 데 필요한 전략적 연결고리이기 때문이다. 북핵 문제 해결과 한반도 평화 체제 구축 과정의 입구이자 출구인 셈이다.

종전 선언은 북한에게만 유리할까?

종전 선언이 한미 간 이슈가 되면서 미국 측에서 비판의 목소리가 터져 나왔다. 실효성도 없는 종전 선언이 미국에게만 부담을 안겨 준다는 것이다. 국제질서를 이끌고 가는 미국 입장에서 대통령의 종전 선언은 말 이상의 약속으로 사실상 평화협정인데, 그에 상응하는 북한의 핵 폐기 조치가 없다고 한다. 또한 종전 선언을 해줄 경우 북한은 이에 만족하지 않고 주한 미군 철수 등 추가 요구를 할 가능성이 크다고 우려한다.

　종전 선언은 평화협정 체결이 어렵기 때문에 그 이전에 이를 대체해 북한의 안보 불안감을 덜어 주는 효과가 있다. 하지만 종전 선언은 한국에게도 필요하다. 국가운영의 비정상 상태를 정상 상태로 되돌려 놓는 데 긴요한 지렛대이기 때문이다.

　현재 한반도는 6·25전쟁이 끝난 지 70여 년이 지났는데도 아직 휴전 상태이다. 이로 인해 많은 것이 비정상적인 상태에 놓여 있다. 대표적인 게 유엔사와 전시작전권 문제이다. 유엔사령부는 1950년 6·25전쟁 발발 직후 유엔군이 한국전에 참전하기 위해 유엔 안보리 결의에 의해 만들어진 전투 기구이다. 따라서 1953년 7월 정전협정이 체결된 뒤 전쟁이 끝났으니 해체됐어야 마땅하다. 그런데도 휴전 상태를 이유로 지금까지 존속하면서 한국의 주권을 수시로 침해하고 있다.

전시작전권 문제도 기형 상태이다. 군대에 대한 작전권은 헌법 제74조 대통령의 국군통수권 행사를 보장하는 그야말로 양보할 수 없는 주권 사항이다. 한미 군 당국 간 합의에 따르면 전시작전통제권 전환은 1단계 기본운용능력, 2단계 완전운용능력, 3단계 완전임무능력 검증 평가 순으로 추진하기로 돼 있다. 미군이 동의하지 않으면 마냥 늦춰질 수밖에 없는 구조이다.

2021년 3월 한국을 방문했던 로이드 오스틴 미국 국방장관은 "조건들을 충족하려면 시간이 더 걸릴 것"이라고 밝혀 조기 전시작전통제권 환수를 추진하던 문재인 정부를 곤혹스럽게 만들었다. 경제 규모 세계 10위, 군사력 세계 6위인 대한민국이 작전권 행사 등 정상적 국가 운영을 할 수 있을 때 안보도 튼튼해지고 한미 동맹도 발전할 것임은 자명하다.

20 | 북미 관계 정상화가 왜 필요한가?

북한은 유엔에 가입된 국가임에도 불구하고 미국과는 수교 관계가 없다. 그간 북한은 줄기차게 미국과 국교 수립을 요구했다. 북한은 경제 회생을 위한 외자 유치에 미국의 도움이 절실하기에 미국과 관계 정상화에 매달리고 있다. 북미 관계 정상화를 둘러싼 움직임에 대해 알아보자.

북한이 북미 관계 정상화에 매달리는 이유는 뭘까?

김정은 시대의 개막 연설인 2012년 4월 '4·15 연설'에서 김정은은 "우리 인민이 다시는 허리띠를 조이지 않게 하며 사회주의 부귀영화를 마음껏 누리게 하자는 것이 우리 당의 확고한 결심"이라고 선포했다. 부유한 나라를 만들기 위해 개혁·개방에 대해서도 전임자 김정일에 비해 더 적극적이었다.

경제 운용에서 중앙의 권한을 축소하고 기업의 권한과 책임을 대폭 확대하며 시장 활동을 허용하는 '우리식 경제관리방법'과 '사회주의 기업책임관리제'를 2014년부터 본격 실시했다. 2013년부터는 경제개발구 형태로 대외 개방을 적극 모색했다. 기존의 경제특구 외에 전국 각지에 22곳의 경제개발구를 지정했다. 개방 지역을 대폭 확대하고 투자 유치도 더 융통성 있게 추진하는 등 기존의 특구 정책보다 더 진일보한 시도였다.

그러나 '우리식 경제관리방법' 등 개혁 조치는 외부 자원 도입에 실패하면서 성과를 거두지 못하고 있으며, 경제개발구 정책도 국제사회의 강화된 경제 제재로 지지부진을 면하지 못하고 있다. 김정은이 심혈을 기울여 추진한 원산 일대 관광단지 개발과 평양종합병원 건설 사업도 별 진척이 없다. 외국인을 유치해 관광 수입을 올리기 위한 원산 관광단지의 당초 완공 시한은 2020년 4월이었지만 계속 지연되고 있다. 2020년 10월 개관할 예정이던 평양종합병원도 외부공사만 마무리된 채 이후 진척이 없는 것으로 보도된다.[3]

인민이 잘살기 위해서는 농업·경공업·건설업 등 식의주(食衣住)와 관련된 산업이 잘 돌아가야 한다. 그런데 농업·경공업·건설업 등이 굴러가기 위해서는 전력·기계·화학 산업 등 기간산업의 뒷받침이 필요하다. 농업 생산력을 높이려면 비료와 농기구가 필요한데 이는 기간산업으로부터 나오기 때문이다.

북한 경제는 1980년대 들어서며 석탄 생산량 감소→전력 생산 감소→기계·화학 공업 파탄→경공업·농업 생산 감소의 악순환을 거치며 망가졌다. 따라서 다시 경제를 회생시키기 위해서는 전력 생산 증대→기계·화학 공업 재건→경공업·농업 생산 증대의 선순환을 만들어 내야 한다.

문제는 전력·기계·화학 등 기간산업을 일으키기 위해 요구되는 막대한 자본을 북한 내부에서 조달할 능력이 없다는 점이다. 외자 유치 외에 다른 방법이 없다. 그런데 외자 유치를 위해서는 미국과 관계 개선이 필요하다. 개발도상국에 대규모 자금을 지원할 수 있는 국제통화기금·세계은행·아시아개발은행

(ADB) 등이 모두 미국의 영향력하에 놓여 있기 때문이다.

2021년 정초에 열렸던 조선노동당 제8차 대회에서 김정은 당 총서기는 미국에게 자국에 대한 적대시 정책 철회를 요구했다. 김정은은 당 대회 총화보고에서 "미국에서 누가 집권하든 미국이라는 실체와 대조선 정책의 본심은 절대 변하지 않는다"며 미국에 대한 불신을 내비치고, "새로운 북미 관계 수립의 열쇠는 미국이 대조선 적대시 정책을 철회하는 데 있다"며 미국의 변화를 요구했다. 그러면서 미국을 '강대강 선대선 원칙'에 따라 상대하겠다고 천명했다.

북한이 지적한 미국의 대북 적대시 정책은 안보 위협과 관련된 한미 연합 군사훈련과 미군의 전략무기 위력 시위, 그리고 북한 경제를 옥죄는 경제 제재이다. 그런데 한미 측은 한미 연합 군사훈련과 미군의 전략무기 시위가 북한의 군사적 위협에 맞서기 위한 것이라는 입장이다.

따라서 북한의 핵무기 등 위협이 없어지지 않는 한 북한이 요구한다고 순순히 들어줄 리 없다. 더욱이 전략무기의 위력 시위는 신형 무기 마케팅 이벤트라는 군산복합체 이해까지 걸려 있다. 미국과 유엔의 경제 제재 또한 북한 핵과 미사일 개발로 시작됐기 때문에 원인이 해소되지 않는 한 없애기가 쉽지 않다.

북한은 핵·미사일 개발을 미국의 안보 위협과 경제 옥죄기에 대한 억지력 확보와 자위 차원이라고 주장한다. 반면 한미는 대북 적대시 정책이 북한의 도발과 핵 개발 때문이라는 입장이다. 전형적인 '닭이 먼저냐, 계란이 먼저냐'의 딜레마다. 서로 상대방에게 먼저 행동하라고 요구해서 될 일이 아닌 것이다. 북한의 '대북 적대시 정책 철회 먼저' 주장은 한미의 '북핵 폐기 먼저'

주장만큼 공허하다. 이는 미국과 북한의 요구사항인 북핵 폐기와 평화협정·북미 관계 정상화 등이 동시에 타결되어야 풀릴 수 있다.

북미 관계 정상화는 가능할까?

북핵 문제를 풀기 위해 당사국들은 여러 차례 북핵 폐기와 북미 관계 정상화를 맞교환하기로 합의한 바 있다. 2005년 9월 '9·19 공동성명'은 북한이 모든 핵무기와 현존하는 핵 계획을 포기하는 대가로 제2항에서 "북미와 북일은 상호 주권을 존중하고 관계 정상화를 위한 조치를 취한다"고 되어 있다.

'9·19 공동성명'의 이행을 위한 구체적 조치인 2007년 '2·13 합의'는 한발 더 나아가 "북미는 현안을 해결하고 전면적 외교 관계로 나아가기 위한 양자 대화를 개시하며, 미국은 북한에 대해 테러지원국 지정으로부터 해제하기 위한 과정을 시작하고 대적성국 교역법을 종료하기 위한 과정을 진전시킨다. 북일도 양국 관계 정상화를 위해 양자 대화를 개시한다"로 되어 있다.

2018년 5월 싱가포르에서 열렸던 북미 정상회담의 합의문도 제1항이 "적대 관계 청산과 새로운 북미 관계 수립"이다. 이처럼 관련국 사이에 북핵 폐기와 북미 관계 정상화가 한반도와 동북아의 평화 정착을 위해 반드시 필요하다는 공감대가 이뤄졌던 것이다.

북미 관계 정상화의 최종 단계인 국교 수립을 위해서는 미국 상원의 비준 동의라는 높은 벽을 넘어야 한다. 그런데 미 의회는 북한에게 비핵화뿐만 아니라 인권·위조 화폐·마약 등 불법 행동, 미사일·생화학 무기 등 광범위한 문제 해결을 수교의 전제 조건으로 내세운다.

미 의회가 요구하는 것은 하나하나가 북미 간 첨예한 견해차가 있는 쟁점이므로 이를 모두 해결하기 위해서는 오랜 시간이 필요하다.

따라서 미 의회를 우회하는 방안을 찾아야 하는데, 정식 수교 이전에 행정부 권한으로 가능한 연락사무소나 이익대표부 또는 외교대표부 등을 설치하는 방법이 있다.

그러나 연락사무소 설치 정도로는 북한을 만족시킬 수 없다. 연락사무소는 미국의 입장 변화에 따라 언제든 쉽게 폐쇄시킬 수 있기 때문이다. 따라서 북미 관계 정상화라는 북한의 요구를 충족시키기 위해서는 연락사무소 설치 외에 북미 간 신뢰 수준을 높일 수 있는 보완 조치가 필요하다.

북일 관계 정상화는 북미 관계 정상화의 가닥만 잡히면 곧장 진행될 것이다. 북한과 일본은 2002년 9월 고이즈미 일본 총리가 평양을 방문해 김정일 위원장과 정상회담을 한 후 '북일 평양선언'을 발표했다.

조일 국교 정상화 회담 재개, 식민지 지배에 대한 사죄 및 경제 협력 실시, 일본 국민의 생명과 안전 관련된 현안의 재발 방지 조치, 핵과 미사일 문제의 대화를 통한 해결 및 미사일 발사 보류 등을 담았다.

2005년 '9·19 공동성명'에서는 양국이 평양선언에 따라 불행했던 과거와 현안 사항의 해결을 기초로 관계 정상화를 추진하기로 했다.

2007년 '2·13 합의'에서는 북일 관계 정상화를 위한 실무그룹 설치에 합의했다. 동북아 정세 변화에 기민하게 대응했던 일본의 그간 행태에 비춰 볼 때, 일본은 북미 관계 정상화 타결이 임박할 경우 서둘러 북일 관계 정상화에 나설 것이다.

21 | 동북아에서 안보협력 체제 구축 가능할까?

동북아시아 각국은 21세기에 들어와서도 영토 분쟁, 과거사 분쟁 등 갈등과 분쟁을 벌이고 있다. 유럽에서는 진작 과거사를 털고 공동안보 체제를 만들어 서로 협력하는데 동북아에서는 왜 못하는 걸까? 유럽의 다자안보협력 체제와 동북아 안보협력 체제 구축 가능성에 대해 알아보자.

6자회담에서 동북아 안보협력이 합의된 이유는 뭘까?

동북아 안보협력 체제를 국제적 이슈로 부각시킨 것은 2005년 6자회담의 합의문인 '9·19 공동성명'이다. '9·19 공동성명'은 "북미와 북일은 상호 주권을 존중하고 관계 정상화를 위한 조치"(제2항)를 취하면서, "직접 관련 당사국들은 별도 포럼에서 한반도의 영구적 평화 체제에 관한 협상을 가지며, 동북아에서 안보협력 증진을 위한 방안과 수단을 모색"(제4항)하기로 했다.

구체적 이행 방안을 담은 2007년 '2·13 합의'는 "참가국들은 한반도 비핵화·북미 관계 정상화·북일 관계 정상화·경제 및 에너지 협력·동북아 평화안보 체제 등 5개의 실무그룹을 30일 이내에 구성"하기로 했다.

남·북·미·중·러·일 등 동북아 6개국이 2년여 힘난한 협상을 거쳐 2005년 9월 북핵 문제를 푸는 해법으로 한반도 비핵화, 한반도 평화 체제 구축, 동북아 평화안보 체제 구축 등을 패키지로 함께 처리하기로 합의했던 것이다.

북핵 문제의 뿌리가 남북한 간 적대와 군비 경쟁, 북미 간 적대 관계, 한·미·일 대 북·중·러 대치 등이기 때문에 이 문제를 풀기 위해서는 그 뿌리까지 같이 처리해야 한다는 합의가 '9·19 공동성명'이었다.

이러한 합의 정신은 2008년 이후 6자회담의 좌초와 함께 사라졌다가 2018년 싱가포르 북미 정상회담 합의문에서 다시 부활했다. 북미 간 적대 관계 청산과 새로운 북미 관계 수립, 항구적이고 안정적인 한반도 평화 체제 구축, 북한의 완전한 비핵화 등 상호 신뢰를 구축하면서 신속하게 이행하기로 합의한 것이다.

싱가포르 합의문은 1항이 북미 관계 정상화, 2항이 한반도 평화 체제 구축, 3항이 북한 비핵화의 순서로 되어 있다. 동북아 평화안보 체제와 한반도 평화 체제 구축이 '9·19 공동성명'보다 오히려 더 강조됐다고 볼 수 있다.

동북아 평화안보 체제란 무엇일까? '2·13합의'에 따라 동북아 평화안보 체제 실무그룹이 구성되어 몇 차례 회의를 했지만 아무 성과도 없이 유야무야되었다. 실무그룹에서는 다자안보협력의 범위와 수준을 정하는 문제, 회원국의 범위 선정 문제, 기존의 양자 안보협력체와 관계 정립 문제 등을 논의했다.

동북아 다자안보협력은 제도적 차원으로 접근하면 실현 가능하지만, 행위자 중심으로 또는 역사·문화적 차원으로 접근하면 어려워진다. 동북아 다자안보협력이 전략적 경쟁 관계에 있는 강대국의 이해관계와 긴밀하게 연결되고, 유럽과 달리 당사국 사이에 역사·문화적인 공통분모가 별로 없기 때문이다.

안보협력 체제란 무엇인가?

다자안보협력 체제는 양자 간 동맹 관계를 바탕으로 대립·갈등하는 관계를 극복하기 위한 방안으로 구상되었다. 안보 영역에서 평화적이고 협력적인 수단을 통해 공동으로 평화를 증진시키기 위한 목적이다. 협력안보(cooperative security)란 관련국 간 정치·군사적 신뢰에 기초해 분쟁을 사전에 예방한다는 점에서 분쟁 발발 이후 그 해결을 주목적으로 하는 집단안보(collective security)와 구별된다.

안보협력 체제의 원형은 유럽안보협력회의(CSCE)이다. 유럽은 전쟁의 폐해에 대한 역사적 공감대를 바탕으로 일찍이 다자 간 안보협력의 필요성에 공감해 1972~1975년 핀란드 헬싱키에서 동서가 모두 참여한 안보협력회의를 개최했다. 헬싱키 회의에서 1975년 '헬싱키 최종의정서'가 만들어졌다.

헬싱키 회의 이후로도 동서 국가들은 정기적으로 다자 간 안보협력회의를 개최했는데 이것이 바로 유럽안보협력회의이다. 유럽안보협력회의는 점차 확대되어 상설기구로 발전하는데, 1995년 1월 북미·유럽·러시아·중앙아시아의 56개국이 회원국으로 참여해 유럽안보협력기구(OSCE)를 창설했다. 유럽안보협력기구는 군사적 측면의 안보만이 아닌 정치·군사·경제·환경·인간 등 포괄적 안보 개념에 기초한 협력 기구이다.

1975년 헬싱키 협약은 안보협력과 평화공존 등을 목표로 체결됐는데, 냉전 종식과 동구권 사회주의 붕괴의 계기가 되었다고 평가 받는다. 당시 동구권 사회주의 국가들은 주권 존중과 영토 보장이 담보되었기 때문에 체제 급변의 두려움 없이 협약에 서명했다. 그러나 인권·자유 존중 등을 규정한 10개의 원칙과 군사·경제·인도주의 교류 등 3개 분야의 신뢰 구축 정책들은 동구권의 반체제 활동과 시민사회 성장에 지렛대를 제공했다.

한편 동서로 갈려 대립했던 유럽은 이 협약을 계기로 공동안보를 추구하게 되었다. 유럽안보협력회의는 냉전 체제에서 동서 간 긴장완화와 경제·문화·과학 등 비정치적 분야의 교류 협력을 촉진했으며, 독일 통일 과정에도 큰 역할을 담당했다. 탈냉전 이후에는 새로운 국제질서 창출에 이바지하고 있다.

아세안지역안보포럼(ARF)은 아시아의 안보협력기구이지만 1994년 출범 이래 아직도 말 그대로 포럼 수준에서 벗어나지 못하고 있다. 아세안지역안보포럼은 회원국 사이의 갈등을 예방해 역내 안보 문제를 해결하겠다는 구상에서 시작해 신뢰 구축·예방외교·분쟁 해결 메커니즘 구축 등을 목표로 하고 있다.

현재 안보 대화·국방백서 발간·유엔 재래식무기 등록제도 참가·군 인사 교류·군사훈련 참관 등으로 회원국 사이 신뢰를 구축하며 예방외교로 발전을 꾀하고 있다. 아세안지역안보포럼이 유럽안보협력기구처럼 안보 레짐으로 발전할 가능성은 동북아 각국 사이의 첨예한 갈등을 감안할 때 먼 장래의 이야기라는 것이 일반적 평가이다.

동북아 안보 실태는 어떠한가?

유럽과 동남아에서는 안보협력 체제가 활발히 운영되는 데 비해, 동북아에서는 아직 안보의 제도화가 이뤄지지 않고 있다. 동북아의 안보 구조는 냉전시대에 만들어진 쌍무동맹을 중심으로 되어 있으며 대립적 성격을 띠고 있다. 동북아에는 동맹과 갈등·경쟁의 양자 관계만 있다.

동북아는 미·중·러·일 4대 강국의 이해가 첨예하게 교차하는 지역으로 북핵 문제, 한일 간 독도·역사 교과서 왜곡·강제동원 징용자 배상 문제, 중일 간 센카쿠 열도 문제, 러일 간 남쿠릴 열도 4개 섬 영유권 문제 등 다양한 분쟁 요인이 산재해 있다. 각국의 군비 경쟁 또한 치열하다.

현재의 세계질서는 미국과 동맹국을 중심으로 만들어졌는데, 경제와 안보의 두 축으로 이뤄져 있다. 경제 측면에서 국제질서는 미국 달러화를 기축통화로 미국과 동맹국의 압도적인 경제력에 의해 유지된다. 2000년 기준 미국과 동맹국의 국내 총생산은 전 세계의 70%를 상회할 만큼 막강하다. 또한 미국은 국제통화기금·세계은행·아시아개발은행 등을 통해 전 세계와 지역을 아우르는 경제 질서를 만들었다. 이를 바탕으로 각종 양자·다자 채널을 가동해 경제를 관리한다.

안보 측면에서 국제질서를 유지하는 기본적 힘은 미국의 군사력이다. 미국의 군사비 지출은 2000년 기준 전 세계 군사비의 41.7%에 이른다. 동맹국인 유럽연합과 일본의 군사비까지 합하면 전 세계의 70%에 이를 만큼 막강하다. 미국의 군사력은 미국 본토는 물론 유럽·아시아 동맹국에 분산 배치되어 있는데,

이를 바탕으로 각종 군사·안보 조약과 정책 협의 채널을 통해 세계의 안보 질서를 관리한다. 현재 미국의 기본적 전략은 '접근'이다. 특정 지역에서 문제가 발생할 경우 평소 각지에 분산된 미국과 동맹국의 경제력과 군사력을 그 지역에 접근시켜 집중함으로써 문제를 해결하는 전략이다.

2000년 이후 미국과 동맹국의 경제력·군사력 비중이 하락하고 있다. 이에 비해 중국의 경제력·군사력 비중은 빠르게 상승하면서 'G2 시대'가 도래했다. 중국의 부상이 아직 세계적 차원의 국제질서를 위협할 만큼 결정적이지는 않지만, 동북아 차원에서는 큰 변화를 초래하고 있다.

중국은 아시아개발은행과 경쟁할 수 있는 아시아인프라투자은행(AIIB)을 만들었다. 아시아 국가를 상대로 위안화의 국제화와 양자·다자 자유무역협정(FTA) 체결 및 각종 정책 협의 채널을 가동하고 있다. 군사적으로는 미사일 등 첨단 무기 개발과 해군력 강화를 바탕으로 미국의 접근을 막고, 중국 중심의 다양한 안보협의 채널을 구축하고 있다.

중국은 미국의 '접근' 전략에 대응해 '반접근' 전략을 구사하는데 군사적으로는 '반접근 지역방어전략(A2AD)', 경제적으로는 미국 중심의 환태평양 경제동반자협정(TPP)에 대응하는 역내포괄적 경제동반자협정(RCEP)이다. 중국은 '신형국제관계'를 주장하며 미국에게 상호 핵심이익을 보장하는 새로운 관계를 요구하고 있다.

2015년 기준 중국의 국내 총생산은 약 11조 달러로 미국 18조 달러의 60% 수준에 도달했다. 지난 30년간 추세를 볼 때 양국의 국내 총생산 격차는 시간이 갈수록 좁혀지고 언젠가는 역전

2017년 11월 9일 중국 베이징 인민대회당에서 열린 미중 정상회담에 참석한 도널드 트럼프 미국 대통령과 시진핑 중국 국가주석. ⓒ위키미디어

될 가능성이 크다. 중국의 경제성장률이 미국보다 훨씬 높기 때문이다. 중국의 군사력도 경제력에 비례해 빠르게 강화되고 있다. 2017년 기준 중국의 군사비 지출은 2280억 달러로 미국 6110억 달러의 37%에 불과하지만 증가 속도가 빨라 주변국을 긴장시키고 있다.

중국의 국력이 급신장해 언젠가 미국을 추월할 것이라는 전망은 '투키디데스의 함정'을 떠올리게 한다. 고대 그리스의 역사학자 투키디데스가 아테네-스파르타 전쟁을 "아테네의 부상과 그에 따른 스파르타의 두려움 때문"이라고 한 데서 나온 것이다. 신흥세력 중국의 부상이 기존 패권 세력인 미국을 위협해 전쟁으로 치달을 수 있다는 가설이다.

미국은 중국의 부상에 대응해 오바마 행정부 시기 '전략적 재균형 정책'을 추진했다. 중국을 견제하기 위해 세계적 차원의 힘 배치를 동북아와 아시아에 집중되도록 재조정한다는 정책이다. 군사적으로는 해군력과 첨단 군사무기를 아시아로 집중시키고, 경제적으로는 미국 중심의 환태평양 경제동반자협정을 결성하는 것이다. 그러나 트럼프 행정부 시기 환태평양 경제동반자협정에서는 발을 뺐다. 미국의 기본 입장은 중국의 부상으로 인한 기존 질서의 근본적 변화는 절대 용납하지 않겠다는 것이다.

일본의 입장은 동북아의 질서 변화 과정에서 미국을 등에 업고 정상국가의 꿈을 실현하고, 경제적으로는 장기불황을 끝내고 성장의 전기를 찾겠다는 것이다. 중국을 견제하기 위한 인도·태평양 전략에 편승해 군사력을 증강시키고 미일 상호방위조약 개정 등을 통해 미일 동맹을 강화시키며, 경제적으로는 성장에 필요한 환율 문제 등에서 미국의 도움을 얻겠다는 전략이다. 아베 행정부 출범 이후 군대 보유를 금지한 평화헌법 9조를 개정해 온전한 주권을 가진 정상국가로 나아가겠다는 의지를 보이고 있다.

동북아에서 안보협력 체제 **구축**이 **가능할까**?

미·중·러·일·남·북 등 동북아 주요국 사이에는 역사·문화적 공통분모가 별로 없다. 오히려 과거사와 영토를 둘러싼 갈등이 지속되고 있다. 한일 간 일제강점기 일본군 위안부 피해자와 강제징용 배상 문제·역사 교과서 문제와 독도 영유권 분쟁, 중일 간 난징학살사건 등 역사 교과서 문제와 센카쿠 열도 영유권 문제, 러일 간 남쿠릴 열도 4개 섬 영유권 문제 등이 수시로 이슈화되고 있다.

미중 간 전략 경쟁은 무역 분쟁에 이어 동남 중국해에서의 군사 충돌 가능성으로까지 비화되고 있다. 미중 양국은 남중국해에 정찰기와 전투기를 배치하고 실전 군사훈련을 확대하며, 상호 견제를 위한 무력 도발까지 하고 있다. 2020년 7월에는 중국을 견제할 목적으로 미국 해군·일본 해상자위대·호주 해군이 남중국해에서 괌 주변까지의 해역에서 연합훈련을 실시했다.

중국도 여기에 맞대응해 실전 훈련을 확대하고 인민해방군 남부전군 소속 해군으로 하여금 이틀간 JH-7 전투폭격기를 동원한 해상 목표물 공격 훈련을 실시했다. 중국은 한발 더 나아가 주권과 영토뿐만 아니라 해외에서 교역로가 봉쇄되거나 분쟁에 휘말리는 등 자국의 '발전 이익'이 위협받을 때도 무력 개입할 수 있도록 '국방법' 개정을 추진하고 있다.

중미 관계는 '영역 분쟁'에서 '전방위 분쟁'으로 비화하고, 그 과정에서 남중국해는 핵심 분쟁지가 됐다. 남중국해에서 충돌이 발생할 경우 아주 사소한 마찰도 빠르게 격화될 수 있어 이를 통제하지 못하면 재앙이 발생할 것이라는 우려가 커진다.

미중의 전략 경쟁에 일본도 뛰어들었다. 2021년 4월 미일 정상회담에서 강도 높은 중국 견제 메시지가 쏟아져 나왔다. 미일 두 정상은 "동중국해에서 현상을 변경하려는 일방적 시도와 남중국해에서 중국의 불법적 해상 주장과 활동에 반대한다"는 공동성명을 발표했다. 미일의 중국을 겨냥한 공세는 군사 분야에 그치지 않았다.

미일의 '홍콩과 신장 위구르 자치구의 인권 상황에 대해 심각한 우려' 표명과 중국을 겨냥한 쿼드(미·일·호·인 4자 협의체)·5G 통신·반도체 공급망·지식재산권 보호 등에서의 협력 강조는 중국의 격렬한 반발을 불러일으켰다.

동북아에서 다자안보협력 체제의 성패는 미국과 중국의 태도에 달려 있다. 양국이 다자안보협력에 적극적인 자세를 보이고 평화공존의 관계를 지향한다면 동북아 다자안보협력 체제는 성공할 수 있다.

현재 미중 양국 사이 전개되는 전략 경쟁을 감안할 때 동북아에서 안보협력 체제를 전망하는 것은 섣부르다. 그러나 어쨌든 그 싹은 2005년 '9·19 공동성명'과 2018년 북미 정상회담 합의문에서 발아되었다. 동북아 안보협력 체제의 실마리가 북핵 문제를 푸는 과정에서 생겼던 것이다. 따라서 북핵 문제를 푸는 것은 동북아에서 안보협력 체제를 구축하고 동북아·세계 평화로 나아가는 길이다.

4장
통일외교

북핵 문제를 해결하고 민족의 염원인 통일과 번영으로 나아가기 위해 우리 외교는 어떻게 해야 할까? 외교는 시간을 두고 효과가 서서히 나타나기 때문에 정부의 외교 전략은 일관성이 중요하다. 미·중·러·일 세계 4대 강국에 둘러싸인 어려운 환경 속에서 통일과 번영을 일궈야 할 우리 입장에서 외교 전략은 나라의 흥망을 좌우할 만큼 중요하다.

4장에서는 한국 외교의 중심축 한미 동맹과 남북 관계, 그리고 통일 방법론과 남남 갈등 문제, 균형 외교에 대해 알아보자.

22 | 한미 동맹은 우리에게 무엇인가?

한미 동맹을 둘러싸고 우리 사회에서 남남 갈등이 벌어진다. 세계 최강국인 미국과 동맹 관계를 두고 논란이 벌어지는 이유는 무엇일까? 국제정치에서 동맹의 의미에 대해 알아보고, 한미 동맹의 문제점과 발전 방향에 대해 고민해 본다.

미국에게 한국은 무엇일까?

한미 관계를 생각할 때 우리는 한국의 입장에서만 생각한다. 보수 진영은 미국이 그간 한국의 안보와 경제 성장에 지대한 도움을 주었고, 지금도 우리 안보의 최대 위협국인 북한을 제압하기 위해서는 미국과 강한 동맹이 필요하다고 주장한다. 또한 미중 간 패권 경쟁하에서 한국은 미국 편에 확실하게 서야 생존이 도모되고 미래를 기약할 수 있다고 믿는다.

이에 비해 진보 진영은 미국이 한국을 너무 일방적 태도로 대하고, 남북 간 교류 협력을 사사건건 방해한다는 비판적 시각을 갖고 있다. 또한 미중 간 전략 경쟁하에서 한국이 미국 편에 서서 중국 견제의 첨병 노릇을 하기 보다는 균형 외교를 해야 한다고 생각한다. 친미, 용미(用美), 반미(反美), 비미(批美) 등의 관점도 모두 우리 입장에서만 미국을 보는 데서 비롯된다. 이제 한미 관계도 과거처럼 일방적·종속적 관계가 아니다. 미국도 더 이상 과거처럼 시혜를 베푸는 국가가 아니며, 한국도 이제 시혜를 받는 국가가 아니다. 호혜적 관점에서 한미 관계를 발전시켜 나가기 위해서는 역지사지의 태도가 필요하다. 미국 입장에서 한국은 어떤 나라일까? 이를 파악하기 위해 한미 관계사를 간략하게 살펴보자.

1945년 8월 해방 이후 한국은 미국의 후원 아래 국가의 기틀을 세웠다. 자유민주주의 정치 시스템과 자본주의 경제 체제를 도입하고 빠르게 경제 성장을 한 것도 미국의 후원에 힘입었다. 후견국으로 미국 역할은 지대했으며, 친미와 반공주의는 한국민의 국가 정체성에 큰 영향을 끼쳤다.

그러나 당시 미국 입장에서 한국은 동아시아에서 공산주의 확장을 저지하는 방어벽에 불과했다. 미국에게 한미 동맹은 국가 정체성에서 별 의미 없는 하나의 정책 문제에 지나지 않았다. 광범위한 전략적 목적을 이루기 위해 만든 여러 안보 체제 중 하나였다. 미국의 한국 정책은 동아시아 지역 정책의 일부에 불과했으며, 이 지역에서 더 중요한 나라는 일본과 중국이었다.

2021년 3월 바이든 행정부의 국무장관과 국방장관이 일본과 한국을 차례로 방문해 각각 '2＋2회담'을 가졌다. 토니 블링컨 국무장관의 발언을 요약하면 "동맹과 함께 중국 견제"가 미국 외교정책의 최우선이고, 대북 정책은 한일과 협력해 완전 조율하에 북한의 완전한 비핵화를 이루겠다는 것이다.

문제는 블링컨이 한국의 국익을 무시하고 동맹을 구실로 한국을 중국 견제의 첨병으로 내몰고 있다는 점이다. 또한 대북 정책 결정과 추진 과정에서 일본을 한국과 동열(同列)에 배치하고 한일 간 협력을 압박했다. 일본과 한국의 대북 정책 방향이 정반대여서 서로 공존할 수 없다는 점을 무시하고서 말이다.

미국은 한국에게 "병 주고 약 준" 나라이다. 미국은 1905년 가쓰라-태프트 밀약으로 일본이 조선의 외교권을 빼앗고 식민지로 만드는 데 도움을 주었다. 제2차 세계대전 이후에는 한반도를 소련과 함께 분할 점령함으로써 한국을 분단시켰다. 한편 6·25전쟁에서는 자국 병사 3만 6000여 명의 희생을 치르면서 남한의 공산화를 저지했다. 그리고 한국이 경제력 세계 10위와 군사력 세계 6위 중견국으로 발전할 수 있도록 도왔다.

미국인 대다수는 한국에 대해 병을 주었다는 사실은 잊은 채 약을 준 기억만 갖고 있다. 냉전 시기 소련 공산주의 위협으로부터 자유를 지키기 위해 분투했다는 긍지를 갖는 미국인 입장에서 한국은 모범적인 성공 사례이다. 미국의 후원 아래 한국은 경제적으로 큰 성공을 거두었을 뿐만 아니라 정치적으로도 민주주의 선진국 반열에 올랐다. 식민지였다가 제2차 세계대전 이후 독립한 나라 중에서 경제협력개발기구(OECD)에 가입한 나라가 한국밖에 없다는 점도 미국인의 자부심이다.

따라서 미국 입장에서는 한국이 이제 먹고 살 만큼 됐으니 주한 미군 주둔비 등 안보 비용도 부담하고 미국의 대외 전략에 충실히 협조하는 게 마땅하다고 생각할 것이다.

그러나 한미 관계가 건전하게 발전하려면 미국이 한국에 병을 주었던 사실도 기억해야 한다. 1905년 7월 러일전쟁에서 일본이 승리하자 미국의 시어도어 루스벨트 대통령은 태프트 육군장관을 도쿄로 파견해 가쓰라 다로 일본 수상과 비밀 회담을 하게 했다. 거기서 미국의 필리핀 지배권과 일본의 조선 지배권을 상호 승인하는데, 이는 영일동맹과 포츠머스 강화조약 등의 국제적 승인을 거쳐 그해 11월 을사늑약으로 치닫게 하는 주춧돌이 되었다.

또한 1945년 8월 태평양전쟁 승리 후 미국은 일본을 온전히 차지한 대신 소련의 대일전 참전에 대한 대가로 38선 이북의 한반도 땅을 내주었다. 이후 1천 년 이상 통일 국가로 존재했던 한반도는 남북한으로 분단돼 지금까지 70여 년 이상 한민족에게 고통을 주고 있다. 한반도는 동북아에서 미국의 영향력을 유지하는 데 핵심 축(linchpin)이다. 한반도를 잃으면 일본이 위험해지고, 이는 곧 태평양에서 미국의 패권 상실로 이어져 미국은 북미 대륙의 고립 국가로 쇠락할지도 모른다.[1]

동맹이란 무엇인가?

2021년 1월 이수혁 주미 대사의 국회 국정감사 발언이 논란을 야기했다. "미국을 사랑하지도 않는데 70년 전에 동맹을 맺었다고 해서 그것을 계속해야 한다는 것은 미국에 대한 모욕"이라는 발언에 대해 야당과 보수 논객들은 융단 폭격을 퍼부으며 해임을 요구했다. 여당과 진보 논객들은 당연한 발언이라며 이 대사를 두둔했다.

한미 동맹이 도대체 무엇이기에 이 같은 상식 수준의 말을 놓고 진영을 나누어 공방을 벌이는 걸까? 흔히 한미 동맹은 피로 맺은 동맹이고 가치 동맹이라고 한다. 맞는 말일까?

가치 동맹이란 이데올로기 동맹을 의미한다. 국제 정치사에서 처음 이데올로기 동맹이 등장한 것은 1873년 독일·오스트리아·러시아 등이 맺었던 삼제(三帝) 동맹이다. 삼제 동맹은 3국 중에서 어느 한 국가가 공격을 받을 경우 나머지 2개국은 군사원조를 하고, 3국의 황제는 일치단결해 공화정 혁명을 분쇄하자는 동맹이었다.

오늘날 자유 진영의 여러 국가가 공산주의자의 전복 활동에 맞서 함께 싸울 것을 약속하는 동맹도 마찬가지다. 동맹에 이데올로기적 요소가 덧붙여지면 결속도가 높아지고 정서적 지지도 커지는 효과가 있다. 그러나 물질적 이해관계가 뒷받침되지 않은 이데올로기 동맹은 실패한다는 게 역사의 교훈이다. 이데올로기가 강조되면 동맹국 간 공동 이해관계의 본질과 한계를 모호하게 만들어 과도한 기대감을 갖게 한다. 그 결과 실망도 그만큼 커지기 때문이다.

어떤 국가가 동맹 정책을 선택하는 것은 원칙의 문제가 아니라 편의의 문제다. 동맹의 도움 없이도 자국 이익을 지킬 만큼 충분히 강하거나, 동맹조약 체결로 부담이 기대되는 이익보다 클 때는 동맹을 안 맺는 게 국제정치의 상식이다. 동맹이 형성되려면 그 기초로 공통 이익이 필요한 것이다.

이 점은 "이해관계의 일치야말로 국가든 개인이든 서로를 묶어 주는 확실한 끈"이라고 설파했던 고대 그리스의 투키디데스부터 "국가 간 연대를 유지해 주는 끈은 이해관계의 충돌이 없는 것"이라는 19세기 솔즈베리 경의 경구가 확인해 주고 있다. 영국과 미국의 동맹이 오래 갈 수 있었던 것도 유럽 대륙에 관한 공통의 이해 때문인데, 바로 유럽의 세력 균형을 유지하는 것이었다.

동맹국 간에는 혜택이 상호주의 원칙에 따라 분배되어야 한다. 이런 이상은 비슷한 국력을 가진 국가끼리 공통 이해를 매개로 동맹을 맺을 경우 실현성이 높다. 반면 국력 면에서 차이가 큰 동맹일 경우 한쪽이 이익을 독점하고 다른 쪽은 손해만 보고 책임만 지는 '사자의 사회'(society of lions)가 발생한다. 마키아벨리가 약소국의 경우 꼭 필요하지 않으면 강대국과 동맹을 맺지 말라고 했던 것도 이익 분배가 동맹국 간 힘의 차이에 영향을 받을 수밖에 없기 때문이었다.

한미 동맹은 1953년 10월 한미 외무장관이 조인한 '한미 상호방위조약'과 1966년 7월 조인된 '주한미군지위협정'(SOFA)으로 구성되어 있다. '한미 상호방위조약'은 태평양 지역에서 일국이 무력 공격을 받을 경우 타국은 공동 위험에 대처하기 위해 행동한다(제3조), 상호 합의에 의해 미국의 육군·해군·공군을 한국의 영토 내와 그 부근에 배치한다(제4조), 외부로부터 무력 공격을 제외하고 원조의 의무를 지지 않는다(양해 사항) 등을 주요 내용으로 한다. '주한미군지위협정'은 주한 미군의 주둔에 필요한 시설과 구역의 제공·반환·경비·유지 등이 주요 내용이다.

한미 동맹이 오래 가기 위해서는 서로 기대를 줄여야 한다. 혈맹이니 가치 동맹이니 하면서 같은 방향을 보고 물샐 틈 없는 공조를 해야 한다는 등 외교적 수사도 줄여야 한다. 국가 간 관계에서 이는 불가능하며, 부지불식간에 동맹을 핑계로 일방적인 자국 이익만을 강요할 수 있다.

현실주의 국제 정치학의 태두인 한스 모겐소(Hans Morgenthau)에 따르면 동맹이 오래가기 위해서는 이해관계가 제한적이어야 된다고 한다. 동맹국 사이 전면적 이해관계는 오래 가기 힘들며, 구체적이고 제한적 이익만이 변하지 않고 오래 지속될 수 있다는 것이다. 영국과 포르투갈이 1703년에 맺은 동맹조약은 수백 년 동안 지속됐다. 영국 함대의 힘을 빌려 자국의 항구를 보호하려는 포르투갈의 이해와 포르투갈로 통하는 대서양 연안을 지배하고자 했던 영국의 이해관계가 일치했기 때문이었다.

한미 관계도 마찬가지다. 한국은 미국의 동북아 균형자 역할을 통해 주변 강국들로부터 자유로워지고, 미국은 한반도를 기반으로 동북아에 영향력을 행사하는 제한적 이해관계로 나아가야 한다.

전시작전통제권, 미국이 계속 행사해야 할까?

전시작전통제권은 전시에 군대를 총괄적으로 지휘하고 통제할 수 있는 권한을 말한다. 일반적으로 주권국가는 자국의 군대를 총괄적으로 지휘·통제하는 권한인 평시작전권과 전시작전권을 함께 갖는다. 그런데 한국군은 현재 평시작전권은 갖고 있지만, 전시작전권은 한미연합사령부에 위임하고 있다. 한미연합사령관은 주한미군사령관이 겸임한다. 한국군 중에서 한미연합 작전통제권에 포함된 부대의 전시작전권은 한미연합사령부가, 평시작전권은 한국군 합동참모본부가 행사한다. 한미연합 작전통제권에서 제외된 부대는 육군 제2작전사령부·특수전사령부·수도방위사령부와 인근의 2개 사단 등이다.[2]

1950년 7월 6·25전쟁 발발 직후 한국군의 작전권이 유엔군에게 이양되었다. 그 뒤 국력이 신장되면서 주권의 상징인 작전권 환수 요구가 커지게 된다. 1994년 12월 김영삼 대통령은 60년 만에 평시작전통제권을 환수했으나 전시작전통제권은 그대로 미군 사령관이 행사하는 것으로 타협했다.

노무현 정부 때 전시작전권도 한국군이 행사해야만 온전한 주권국가라는 여론이 높아졌다. 2006년 9월 한미 정상회담에서 노무현 대통령과 조지 부시 대통령은 전시작전통제권을 전환하기로 합의했다. 2007년 2월 한미 국방장관회담에서 2012년 4월 17일부로 한미연합사를 해체하고 전시작전통제권을 환수하기로 합의했다.

그러나 이명박 정부로 정권이 바뀌면서 2010년 6월 한미 정상회담에서 환수 시점을 2015년 12월 1일로 연기한다. 박근혜 정부에서는 북한의 3차 핵실험을 이유로 재연기하며 2014년 10월 전환 날짜도 정하지 않은 채 미국과 '조건'에 기초한 전시작전통제권 전환으로 바꾸었다. "대한민국과 동맹이 핵심 군사능력을 구비"해야 하고, "한반도와 역내 안보환경이 안정적인 전시작전통제권 전환에 부합"해야 한다는 조건이 붙었다.

문재인 정부에 들어서서 전시작전통제권 전환을 서두르지만, 지난 3월 방한한 로이드 오스틴 미국 국방장관이 "조건을 충족하려면 시간이 더 걸릴 것"이라고 밝혀 환수 시점은 예측 불가 상태에 빠졌다.

연평도 포격 사건은 작전권 없는 군대의 실상을 그대로 드러낸 상징적 사건이었다. 2010년 11월 23일 오후 2시 30분경 북한은 아무런 선전포고도 없이 옹진군 연평면 대연평도를 향해 포격을 가했다. 긴박한 상황 속에서 청와대에서 나온 것은 구체적인 작전 지시가 아닌 "단호하게 대응하되 확전되지 않도록 하

2007년 전시작전권 반환을 발표하는 한국의 김장수 국방장관과 미국의 로버츠 게이츠 국방장관. ⓒ위키미디어

라"는 성명이었다. 자국 영토가 유린당하는 상황에서 "항공작전은 미7공군 사령관의 지휘를 받아야 한다"는 교전 규칙에 얽매여 항공 폭격은 생각도 못했다.

포격 다음날 한민구 합참의장이 월터 샤프 한미연합사령관을 찾아가 물었다. "한국의 항공력으로 북한을 응징하는 계획을 세우는 데 연합사 의견은 무엇이냐?" 샤프 사령관이 짜증스런 표정으로 대답했다. "왜 나한테 묻는가? 한국 정부에서 판단하라." 미국이 답을 주지 않으니 국방부는 "향후 자위권과 교전 규칙 문제를 정리하기 위해 국제법 학자에게 연구 용역을 맡기겠다"고 발표했다. 한미연합사 정보작전부장인 존 맥도널드 소장은 불같이 화를 내며 이렇게 말했다. "내가 이라크 참전 군인이다. 이라크 신생 군대도 판단은 할 줄 안다. 그런데 어제 한국 합참에서 뭘 해야 되느냐는 전화가 매 시간 매 분마다 수도 없이 왔다. 어떻게 한국군이 이라크군보다 못한가?"

이처럼 전시작전통제권이 없으면 북한이 도발하는 상황에서 북한의 공격 원점을 타격할 수 없다. 또한 작전통제권이 없는 군대는 제대로 된 작전을 짤 줄 모른다. 아무리 첨단무기를 갖고 있어도 작전 능력이 없는 군대가 어떻게 적과 싸워 이길 수 있겠는가? 작전통제권이 없으면 북한을 상대로 대등하게 협상하기도 어렵다.

문재인 정부는 2014년 10월 한미 국방장관이 합의한 전시작전통제권 환수 조건을 충족시키기 위해 안간힘을 다하고 있다. 그런데도 2021년 3월 한미 연합 군사훈련은 완전운용능력 검증도 못한 채 지나갔다. 한미 군 당국 간에 합의한 '조건에 기초한 전시작전통제권 전환'을 위한 임무수행능력 검증 평가는 1단계 기본운용능력, 2단계 완전운용능력, 3단계 완전임무능력 순으로 진행되고 있다.

미국 측은 연합훈련을 통해 능력 검증이 되어야 한다는 입장이지만, 언제 전시작전통제권 환수가 될지 기약조차 할 수 없는 상황이다. 모든 게 완전해질 때 한다는 것은 안하겠다는 말과 다름없다. 주요 분야에서 검증이 되면 일단 전시작전통제권을 환수한 뒤 사후에 미흡한 부분을 보완하는 방향으로 추진해야 한다.

23 | 왜 남북한은 교류, 협력해야 할까?

남북한은 같은 민족이면서도 분단된 채 70여 년 이상 적대하며 갈등하고 있다. 이로 인해 남북 모두 천문학적 분단 비용을 들여가며 소모적 체제 경쟁을 벌이며 주변 강국에게 휘둘리고 있다. 국내적으로는 이산가족 등 수많은 사회 문제로 아픔을 겪고 있다. 1990년대 이후 전개된 세계화로 모든 인류가 교류·협력하는데, 유독 한반도에서만 같은 민족끼리 총부리를 맞대며 대치하고 있다. 남북한이 서로 교류하고 협력할 때 어떤 이점이 있는지 알아보자.

이산가족의 아픔을 방치해야만 할까?

분단 때문에 생긴 가장 큰 비극은 이산가족 문제이다. 남북 이산가족의 상봉 장면은 TV로 생중계되면서 국민의 눈물샘을 자극하는 행사가 되었다. 전쟁 통에 부모 자식과 형제, 부부가 헤어져 수십 년 동안 생사 여부도 모른 채 지내다가 상봉 행사장에서 만나 부둥켜안고 절규하는 모습은 눈물 없이 볼 수 없는 잔혹한 드라마이다. 수십만 명 가족이 정치적 문제로 헤어져 소식도 모르고 가슴앓이하며 지내는 곳이 지구상에 한반도 말고 또 어디에 있을까?

1983년 KBS에서 이산가족찾기 생방송을 진행했다. 남북 분단으로 헤어진 가족을 찾기 위한 벽보가 방송국 벽면에 가득 붙어 있다. ⓒ 한국학중앙연구원, 유남해

　분단으로 인해 발생한 1천 만 이산가족 중에서 상봉한 사람은 1985년 '남북 이산가족 고향 방문단 및 예술 공연단'으로 남측 35명과 북측 30명이 만난 이후, 2015년 말까지 당국 차원 1만 9928명, 민간 차원 5157명 도합 2만 5085명에 불과하다. 1988~2015년 12월 말까지 통일부에 신청한 이산가족 상봉 희망자는 13만 808명인데, 그중에서 사망자가 6만 5134명으로 절반 이상이며, 생존자 중에서도 80세 이상 고령자가 57%에 이른다. 신청자의 상봉 대상자도 부부·부모·자녀가 45.1%, 형제자매가 41.8%, 3촌 이상이 13.1%로 모두 가까운 가족이다.[3] 연좌제 등 신분상 불이익이 우려돼 신청하지 않은 사람까지 감안한다면 상봉 희망자는 더 많을 것으로 추정된다.
　2021년 통일부 집계를 보면 상황이 악화되었다. 2019년 기준

등록된 13만 3365명의 이산가족 중에서 80대 이상 비율이 63.4%를 차지하며, 평균 연령이 81.8세로 높아졌다. 이산가족 생존자의 가족관계도 부부 및 부모·자녀 관계 비율이 지속적으로 하락하고 3촌 이상 관계 비율이 높아져 이산가족 간 관계가 점차 멀어지고 있다.[4] 고령자 나이를 감안할 때 이산가족 상봉은 시급한 인도주의 사안이 아닐 수 없다. 남북 당국 간 정치적 유불리를 떠난 획기적 결단이 필요하다.

탈북민 또한 이산가족의 아픔을 지닌 채 살아가고 있다. 1990년대 중반 이후 북한의 경제난으로 북한을 떠나 한국에 정착한 탈북민은 3만여 명이 넘는다. 이들 한 사람 한 사람의 가족사는 기구하기 이를 데 없다. 북에 남겨 놓고 온 가족과 친지들을 그리워하며 살다가 경제 형편이 어렵다는 소식을 전해 듣고 어렵사리 모은 돈을 송금한다. 합법적으로 할 수 없으니 브로커를 통하는데 수수료의 절반을 떼어 줘야 한다. 그것도 실정법 위반이라 조마조마한 마음으로 위태롭게 처리해야 한다. 한국의 공안 당국이 마음만 먹으면 국가보안법 위반으로 탈북민을 언제든지 형사 처벌할 수 있기 때문이다. 가끔씩 터지는 신문지상의 간첩 사건이 탈북민에게는 남의 일이 아닌 것이다.

남북 간 인적 교류는 이산가족 상봉 외에 관광을 포함한 각종 교류·경제 협력 등 다양한 차원에서 이뤄졌는데, 1989~2015년까지 총 144만 7010명이 왕래했다. 그중 남한에서 북한 방문자가 143만 8719명으로 대부분이며, 북한에서 남한 방문자는 8291명에 불과하다. 북한을 방문한 남한 사람 중에서도 개성공단 방문자가 115만 4479명으로 이를 제외하면 30만 명에 불과하다. 통일되기 전 동서독과 비교할 때 너무나 적은 숫자이다.

독일은 1980년대 이후 동서독 주민이 친인척을 만나기 위해 자유롭게 왕래할 수 있었다. 1988년 한 해만 해도 서독과 동독을 오간 방문객 수는 1300만 명이 넘었다.

　가족도 자주 봐야지 만나지 않고 오래 지내면 남이나 마찬가지다. 통일은 외부적 환경만 갖춘다고 저절로 되는 것이 아니다. 내부적 동력이 필요하며 이를 위해서는 남북 주민 사이에 자유로운 왕래가 있어야 한다. 교류가 있어야 민족 공동체 의식이 살아나 통일의 구심력으로 작용할 것이기 때문이다. 경제 협력을 비롯해 사회·문화·과학·보건 분야 등에서 남북 간 협력도 상호 의존도를 높여 통일의 구심력이 된다.

동서독은 통일 전 어느 정도 교류·협력 했을까?

독일 통일은 동서독 간 20여 년에 걸친 교류와 협력의 결실이다. 서독은 꾸준히 동독과 교류와 협력을 추진했다. 1972년 12월 서독은 동독과 '동서독 관계에 대한 기본조약'을 체결했다. 이후 30여 개 협약과 수많은 민간 차원 교류에 합의했으며 그 내용을 보완하면서 실천했다. 1987년에는 에리히 호네커 동독 공산당 서기장을 국빈으로 초청해 과학·기술·환경보호 등의 협정을 체결했다.

　국력이 우세했던 서독은 동독을 지원하면서 처음에는 상호주의를 적용하지 않았다. 초기에는 현금으로 도와주다가 나중에 어느 정도 정례화가 되면서 동독 경제의 서독 의존도가 높아졌을 때 현물 지원으로 바꾸며 방송 개방 같은 조건을 달았다.

빌리 브란트 사민당 정부의 동방정책이 1969년부터 10년 넘게 지속되면서 레버리지(leverage)가 생겼다. 그것을 1982년 정권 교체 후 헬무트 콜 기민당 정부가 이어받아 동독을 요리했던 것이다. 이에 비해 한국은 대북 지원 기간이 실제로는 5년 정도밖에 되지 않았고 그 액수도 미미했기 때문에 북한에 대한 레버리지를 만들 수 없었다.[5]

1970년대 이후 지속된 동서독 간 경제 협력은 동독의 서독에 대한 경제 의존도를 높였다. 서독 정부가 1969~1989년까지 20년 동안 직간접적으로 동독에 지원한 돈과 물자는 1044억 마르크, 달러로 환산하면 576억 달러에 이르렀다. 매년 29억 달러에 상당하는 액수였다. 서독은 동독이 경제 교류를 통해 보다 많은 이익을 얻도록 배려했고, 이에 상응해 동서독 주민의 상호 방문을 요구했다.

동독이 서독의 상호 방문 요구에 응했던 것은 1972년 12월 '동서독 기본조약' 체결로 흡수통일이 불가능할 것으로 여겼기 때문이다. 당시 동독은 130여 개 국가와 외교 관계를 맺고 있었기 때문에 체제 보장이 이뤄진 것으로 판단했다. 무엇보다 동독이 자신들의 체제가 안전하다고 믿었던 것은 서독이 공공연하게 흡수통일을 추구하지 않았기 때문이었다.

1980년대 독일은 실질적인 통일 상황이 전개되고 있었다. 서독인은 누구나 임의로 동독을 방문할 수 있었으며, 동독인도 당국의 허가 아래 이산가족 상봉이 가능했다. 연금 수혜자는 언제든 서독을 방문할 수 있었다. 1988년 한 해만 해도 서베를린 시민 197만 2000명과 서독인 469만 9000명 등 총 667만 1000명이 동독을 방문했다. 동독인도 1987년 연금 생활자 380만 명과 긴급 방문자 129만 명 등 총 509만 명이 서독을 방문했다. 1988년에는 더 많은 숫자인 총 675만 명의 동독인이 서독을 방문했다. 더욱이 동독인의 90% 이상은 서독의 라디오와 TV를 자유롭게 시청할 수 있었기에 동서독 간 문화적 장벽은 존재하지 않았다.

24 | 남북한 협력 방안은 무엇일까?

남북 간 교류·협력 사업은 가다 서다를 반복하다가 지금은 거의 모든 게 다 중단된 상태다. 남북경협사업도 군사적 갈등이 생기면 곧바로 영향을 받아 삐걱거리게 된다. 남북이 협력할 수 있는 사업은 무엇이 있는지, 또 이를 안정적으로 만들기 위해서는 어떻게 해야 할지 알아보자.

개성공단은 왜 폐쇄된 걸까?

개성공단은 남북경협사업 중에서 가장 성공적이었을 뿐만 아니라 북한의 개방 특구 중에서도 성공 사례로 평가된다. 개성공단은 2000년 6월 남북정상회담 직후인 8월 베이징에서 현대아산과 북한의 조선아시아태평양평화위원회, 민족경제협력연합회 등 3자가 합의서를 체결하면서 시작되었다. 개성공단은 북한이 토지와 노동력을 제공하고, 남한이 공단 개발·용수·전력·통신 등 일체의 기반시설을 건설해 기업에게 분양하는 방식으로 추진되었다.

개성공단은 3단계에 걸쳐 공단 약 2640만㎡와 배후도시 3960만㎡ 등 전체 약 6600만㎡ 규모의 거대 도시를 만든다는 계획이었다. 그러나 개성공단은 2008년 2월 이명박 정부 출범 후 기존 계획이 모두 중단됨으로써 1단계 수준에 멈췄다. 폐쇄되기 직전 2015년 1월 현황을 보면 약 132만 2314㎡ 대지에 공장이 들어서 124개 기업과 70여 개 영업소가 운영되고 북한 근로자 5만 4000여 명이 일했다.

개성공단은 출범할 때 남북 간 화해 협력과 공존공영을 상징하는 경제 프로젝트였다. 기존에 산발적으로 진행되던 위탁 생산 형태보다 한 차원 높은 남북 상생의 새로운 경협 모델이었다. 중소기업에 활로를 제공하고 남북 경제공동체 형성의 인큐베이터 역할을 하며, 북한 사회와 경제 구조 변화에 긍정적 영향을 미칠 것으로 기대했다.

개성공단은 고비용 저효율의 생산 환경·3D 업종 기피·고임금·비싼 토지와 물류비용 등으로 경쟁력이 떨어지는 남한의 기업에게 돌파구였다. 기본임금 월 70달러의 경쟁력 있는 노동비용, 서울에서 1시간 거리 입지로 물류비용 절감, 무관세 등 중국이나 베트남 등 다른 해외 공단보다 유리한 조건을 갖췄기 때문이다.

개성공단에 입주한 기업은 기술 습득 속도가 빠르고 학습 능력이 우수할 뿐만 아니라 같은 언어를 쓰는 북한 노동자를 고용하는 이점을 누렸다. 이로 인해 중국이나 베트남에 진출한 다른 기업들과 비교할 때 빠르게 안정 궤도에 진입했다.

특히 개성공단 내 봉제·전기 전자·기계·금속산업 등 노동집약 업종은 세계 최고의 경쟁력을 갖췄다. 한국 속옷의 70%와 일반 의복 30%가 개성공단에서 생산되었으며, 휴대폰 부품도 상당수가 개성공단에서 조립되었다. 개성공단에서 생산되는 제품들로 인해 '개성 단가'가 형성돼 전체 시장가격을 떨어뜨림으

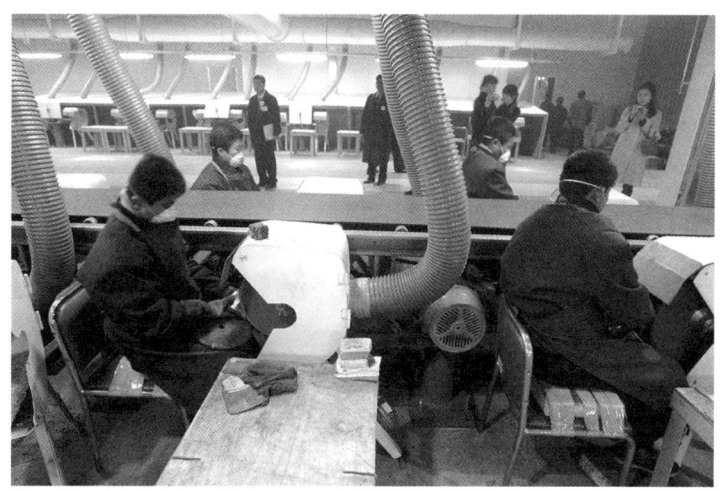
북한 개성공단에 입주한 업체에서 북측 근로자들이 작업을 하고 있다. 2004.12.15. (개성=연합뉴스)

로써 소비자에게도 이익을 안겨 주었다.

그러나 개성공단 사업도 남북 간 군사적 갈등과 분쟁의 회오리를 벗어나지 못했다. 2013년 2월 북한이 3차 핵실험을 단행하자 유엔 안보리는 즉각 경제 제재를 결의했다. 한미 당국도 대규모의 한미 연합 군사훈련을 실시했다. 북한은 이에 반발해 4월 초 남한의 개성공단 방문을 차단하고, 이어 종업원 전원 철수와 개성공업지구 잠정 중단을 선언했다. 이후 남북 당국은 7번의 줄다리기 회담 끝에 폐쇄 5개월 만에 개성공단을 재가동했다.

하지만 3년 후 개성공단은 다시 중단되었다. 이번에는 남한이 먼저 개성공단 중단 카드를 꺼내 들었다. 2016년 1월 북한의 4차 핵실험과 장거리 로켓 발사 이후 박근혜 정부는 대북 확성기 방송 확대·대북 교류 중단에 이어 2월 10일 개성공단 전면 중단을 선언했다. "개성공단 가동이 북한의 대량살상무기 개발에 이용되는 일이 있어서는 안 된다"며, 북한에게 평화 파괴의 대가를 치르게 하려는 국제적 노력을 우리가 주도해야 한다는 이유를 댔다.

개성공단을 통해 유입되는 현금이 북한의 핵무기와 미사일 개발에 전용되었을까? 북한의 개성공단 수입은 연 8000만~1억 달러 정도다. 이 가운데 중앙정부로 들어가는 것은 30% 수준이다. 2014년 북한의 교역규모는 10조 원 가량으로 추산되는데, 개성공단을 통해 북한에 유입되는 연간 1억 달러의 현금을 끊는다고 북한이 핵무기를 포기할 것이라고 기대하는 게 억지스럽다. 미국 의회의 입법조사국(CRS)은 2009년 보고서에서 북한이 미사일 등 무기 수출로 연간 10억 달러를 번다고 발표했다. 개성공단 북측 근로자 임금이 아니어도 얼마든지 핵 개발에 필요한 자금원은 존재했던 것이다.

개성공단 폐쇄로 남북한은 엄청난 피해를 입었다. 남한의 경제적 피해액만 해도 정부와 공기업의 투자금 4000억 원, 기업의 설비투자액 6000억~1조 원, 원부자재와 완제품 5000억 원, 기업의 매출 손실액 1조 2000억 원, 협력 업체 등의 추가 피해액 3조 원 등 최대 6조 원으로 평가되었다.

북한 측 피해도 막심하다. 5만여 노동자의 임금이 끊어져 당장 생계가 곤란해지는 20~30만 명 주민이 발생했다. 또한 공단 폐쇄는 북한 인민군 2군단의 전진 배치로 이어져 군사적 긴장을 높일 가능성이 크다. 개성공단 지역에 북한군이 전진 배치될 경우 서울과의 거리가 40여 km에 불과해 북한이 침략할 경우 대책을 세우기 힘들다. 이 때문에 한미 연합군은 조기 경보 기능 향상에 엄청난 비용을 쏟아 붓고 있다. 개성공단은 북한의 군사 행동 출발선을 뒤로 물려 조기 경보 기능을 24시간 이상 향상시켰으며, 전쟁 발발 시 수도권에 가장 큰 위협이 되는 장사정포도 15km 뒤로 후퇴시켰다.

남북이 할 수 있는 경협 사업은 무엇이 있을까?

남북 당국이 합의해 추진했던 경협 사업은 개성공단 외에 금강산 관광을 비롯한 관광사업, 철도와 도로 연결 사업, 서해 평화협력특별지대 사업 등이 있다.

금강산 관광 사업은 1989년 1월 정주영 현대 명예회장이 방북해 북한과 금강산 관광 개발 및 시베리아 공동 진출에 관한 의정서를 체결한 데서 비롯되었다. 1998년 4월 김대중 정부의 남북경협 활성화 조치가 발표되고, 6월 정주영 회장이 다시 방북해 북한의 아시아태평양평화위원회와 금강산 관광 및 개발 사업에 합의했다. 이어 11월 금강호가 이산가족 등 826명을 태우고 동해항을 출발해 북한의 장전항에 입항하면서 금강산 관광은 시작되었다.

우여곡절이 있었으나 관광 시작 6년 만인 2005년 6월 누적 관광객 수가 100만 명을 넘어섰다. 2008년 8월에는 200만 명 돌파가 예상되면서 사업이 본궤도에 들어설 것으로 기대를 모았다.

그러나 2008년 7월 북한군에 의해 한국인 관광객 피격 사건이 터지면서 관광 사업은 중단되었다. 1998~2015년 남북 관광 사업 현황을 보면 금강산 관광객 193만 4622명, 개성 관광객 11

만 2033명, 평양 관광객 2299명 등 도합 204만 8994명이다.

철도·도로 연결 사업은 2000년 6월 남북 정상회담 직후 열렸던 남북 장관급 회담에서 경의선 철도(서울~신의주)와 도로(문산~개성)를 연결하기로 합의하면서 시작되었다. 한국 정부는 서둘러 그해 9월 경의선 철도와 도로 연결 공사부터 먼저 착수했으나 북한이 동해선도 같이해야 한다고 주장하면서 제동이 걸렸다. 결국 2002년 8월 남북 장관급 회담에서 경의선과 동해선의 동시 착공에 합의하고 그해 9월 착공식을 가졌다.

경의선 도로 연결 사업은 2003년 초 개성공단 준비 차량 임시 통행을 실시하며 시작되었다. 동해선 도로도 2003년 2월 임시 도로 개통식을 갖고 금강산 육로 관광을 실시했다. 철도 연결 사업은 2003년 6월 경의선과 동해선의 군사분계선 위에서 남북이 철도 궤도 연결 행사를 가졌다.

2007년 5월에 연결된 경의선 시험 운행은 문산~개성역, 동해선 시험 운행은 금강산역~제진역 구간에서 실시했다. 그해 12월에는 경의선 문산~봉동 구간에서 매일 1회 12량의 화물열차가 정기 운행을 시작해 2008년 11월 중단될 때까지 총 222회 운행했다.

경의선 철도는 도로나 뱃길보다 훨씬 경제적인 운송 수단으로 평가되었으나 화물량 부족으로 운행을 중단했다. 철도는 기관차에 화차가 많이 연결될수록 경제적인데, 개성공단 미개발로 인해 화물량 부족, 타 철도망과의 단절로 인한 이용 회피로 물동량이 줄면서 중단되었다.

남북 관계가 경색되며 중단된 철도 연결 사업은 문재인 정부가 들어선 뒤 다시 추진되었다. 남북 정상은 2018년 4월 '판문점 선언'을 통해 경의선·동해선 철도와 개성~평양 고속도로 연결과 현대화에 합의했다. 그해 12월에는 북측 개성 판문역에서 착공식이 열렸고, 북한 철도의 현대화를 위해 남측 기술 실무단이 북한을 방문해 현지 조사를 마쳤다. 그러나 하노이 북미 정상회담 결렬과 남북 관계 악화로 인해 후속 사업은 중단되었다.

문재인 정부는 2020년 4월 동해북부선 강릉~제진 철도 건설 사업을 예비타당성 조사 면제를 거쳐 조기 착공하기로 결정했다. 남북 철도 연결 사업은 문재인 정부가 구상한 '한반도 신경제구상'의 기본 토대이다. 동해선은 부산에서 출발해 북한을 경유해 러시아·유럽까지 연결되는 노선으로 현재 남측 강릉~제진 구간 104km가 단절돼 있다. 정부는 이를 우선 연결하면서 향후 북한의 호응을 유도해 나가겠다는 복안이다.

향후 남북 관계 개선으로 철도가 활성화될 경우 경의선은 부산~서울~개성~신의주~베이징으로 연결되는 동북아 철도망으로 대륙의 길이 될 것이다. 동해선은 부산~동해~원산~나진·선봉~블라디보스토크~시베리아~모스크바~파리로 연결되는 유라시아 철도망으로 북방으로 뻗어 나가는 길이 될 것이다.

분쟁 지역인 서해를 남북이 공동으로 개발하자는 구상은 2007년 10월 남북 정상회담에서 시작되었다. 남북 양 정상은 분쟁이 빈발한 서해에 평화협력특별지대를 설치해 우발적 군사 충돌을 방지하고 경제협력을 실시하기로 합의했다. 정상회담 합의문인 '10·4 공동선언'의 제5항은 남북 공동 어로 구역과 평화 수역 설정, 해주 경제특구 건설, 해주항의 평화적 이용, 민간 선박의 해주 직항로 통과, 한강 하구 공동 이용 등의 내용을 담고 있다.

　해주 경제특구 건설과 해주항 이용 구상은 개성~해주~남한 간 섬유·조선 등 관련 산업을 연계하겠다는 것이다. 이 구상은 정권이 바뀌면서 이명박 정부에 의해 백지화되었다가 2018년 9월 평양 정상회담을 통해 다시 부활했다. '판문점선언 이행을 위한 군사분야합의서'에 적대 행위 전면 중지, 비무장지대 평화지대화, 서해 북방 한계선 일대 평화 수역 조성, 남북 교류협력 군사적 보장 등이 담겨 서해 일대의 평화 수역 조성 사업이 다시 살아난 것이다. 그러나 이 또한 하노이 북미 정상회담 결렬과 남북 관계 경색으로 아무런 진척이 없다.

　이 밖에도 문재인 정부의 '한반도 신경제구상' 아래 시행 가능한 남북 간 협력 사업은 산림·농수산·보건의료·접경 지역의 평화적 이용·산업·에너지·환경·하나의 시장 협력 등이 있다. 남북 간 경제협력을 고리로 평화를 공고히 다지고, 평화를 바탕으로 다시 경제협력을 추진하는 선순환 구조를 만들겠다는 구상이다.

남북이 안정적으로 협력할 방법은 무엇일까?

김대중 정부의 대북 정책은 평화통일의 기반 조성을 목표로 남북 간 화해와 교류 협력이 중요하다는 인식하에 남북 관계 개선에 초점을 맞췄다. 김대중 정부의 특징은 남북 간 교류·협력을 추진하면서 '정경분리' 원칙을 천명하고 임기 중 이를 일관되게 지켰다는 점이다. 그러나 이후 남북 관계에서 정경분리는 지켜질 수가 없었다. 남북 간 군사적 갈등이 발생하면 그간 진행되던 모든 교류와 협력 사업이 중단되었다.

2010년 천안함 침몰사건이 발생하면서 안보와 통일이 정면으로 충돌하자 통일 정책은 휴지조각이 되었다. '5·24 조치'가 취해진 배경을 보면 이러한 점이 분명해진다. 2010년 3월 천안함 사건이 터지자 이명박 정부는 전쟁의 위험이 수반되는 군사적 응징보다는 '5·24 조치'라는 손쉬운 경제적 제재를 선택했다. 당시 여론시장을 주도하던 보수 언론은 북한에 대한 증오와 혐오를 불러일으키는 보도를 거리낌 없이 쏟아 냈다. 이는 정부 정책에 반영돼 남북 간 교류·협력 사업이 모두 중단된 것이다.

2019년 하노이 북미 정상회담이 성과 없이 끝나면서 남북 관계도 급속도로 악화되었다. 2020년 6월 북한은 대북 전단 살포를 문제 삼아 개성 남북공동연락사무소 청사를 폭파시켰다. 1990년대 이후 북한 지도부가 위기를 맞았을 때 구사했던 군사주의이고 벼랑 끝 전술이다.

북한의 상습적 군사주의 활용은 대북 포용정책을 추진했던 김대중·노무현 정부를 괴롭혔다. 하지만 북한 스스로도 국제적 신뢰 추락과 깡패국가(rogue state)의 오명을 얻게 된 원인이 되었다. 한국 정부는 어떻게 대응해야 할까? 남북 관계를 좀 더 안정적으로 끌고 갈 수 있는 방법은 없을까?

북한의 도발에 대응하지 않을 수는 없고, 그렇다고 맞대응해 군사적 보복 조치를 하려니 파국의 위험이 너무 크다. 제3의 길은 없을까? 싸움을 하는 데 기술이 필요하듯 협력하는 데도 기술이 요구된다. 눈에는 눈, 이에는 이처럼 맞대응하는 전략 '팃포탯'(tit for tat)이 있다. 게임이론 중 죄수의 딜레마 상황에서 상호 협력을 가장 효과적으로 끌어내는 전략이다.

맞대응 전략은 다음과 같이 행동하는 것이다. 첫째, 상대가 협력하는 한 거기에 맞춰 협력하고 불필요한 갈등을 일으키지 말 것. 둘째, 상대의 예상치 않은 배반에는 반드시 응징할 것. 셋째, 상대의 도발을 응징한 후에는 용서할 것. 넷째, 상대가 나의 행동 패턴에 적응할 수 있도록 행동을 명확하게 할 것 등이다.

북한의 도발에는 반드시 대응해야 하며, 남북 합의 위반에는 그에 상응하는 벌을 줘야 한다. 단, 북한이 신의를 갖고 협력하면 남한은 반드시 협력한다는 메시지를 보내야 한다. 여야가 합심해 대응함으로써 정권이 바뀌어도 이 전략은 변하지 않을 것이라는 점을 북한이 믿게 할 수 있다면 효과는 더 커질 것이다.

보다 근본적인 방법은 남북 간 협력의 제도적 틀을 만드는 것이다. 남북 관계는 본질적으로 반목과 적대 관계이다. 남북한은 하나의 민족으로 언젠가는 통일이 될 수밖에 없기에 통일의 주도권 싸움이 불가피하다. 지는 쪽은 모든 것을 잃게 되기 때문이다.

따라서 남북 관계는 갈등이 불가피하고 이는 군사적·정치적 문제로 나타난다. 남북 간 교류 협력이 사소한 군사적 충돌로 삐걱거리고, 가다 서다를 반복하는 것이 하등 이상할 게 없는 이유이다. 이를 극복하기 위해서는 군사적·정치적 갈등을 상시적으로 관리할 수 있는 틀을 만드는 것이 중요하다. 하루 빨리 북핵 문제를 해결하고 '남북연합'을 성사시켜 남북이 안정적으로 협력할 수 있는 제도적 틀을 만들어야 한다.

25 | 남북한은 왜 통일해야 할까?

통일로 가는 길은 힘들고 멀게만 느껴진다. 요즈음 청년 세대 상당수는 남북한이 굳이 어려운 통일 하지 말고 교류 협력하면서 이웃으로 지내면 된다고 생각한다. 통일이 가능할지, 또 어떤 방법으로 통일이 이뤄질 수 있는지, 통일이 되면 무엇이 바뀌는지 알아보자.

통일해야 하는 이유는 무엇일까?

시인이자 소설 『상록수』의 저자 심훈이 쓴 시 '그날이 오면'은 해방의 염원을 다음과 같이 표현했다. "그날이 오면 그날이 오면 삼각산이 일어나 더덩실 춤이라도 추고 / 한강물이 뒤집혀 용솟음칠 그날이 / 이 목숨이 끊기기 전에 와 주기만 할 양이면 / 나는 밤하늘에 나는 까마귀와 같이 종로의 인경을 들이받아 울리오리다……"

해방은 심훈의 목숨이 끊긴 지 9년이 더 지나서야 찾아왔지만 그마저도 온전하지 못했다. 일제는 물러갔지만 한반도는 두 동강난 채 남에는 미군이, 북에는 소련군이 점령군으로 진주했던 것이다. 이후 분단은 고착되어 남에는 대한민국, 북에는 조선민주주의인민공화국이 들어서 전쟁과 대치를 70여 년 동안이나 이어가고 있다.

지금 동북아에서 일어나는 격변은 우리 민족에게 위기이자 기회이다. 국내외적 위기 상황이지만 심훈이 그토록 갈망했던 "삼각산이 일어나 춤추고 한강물이 용솟음치는" 해방을 온전하게 이룰 수 있는 기회이기도 하다. 외세로부터 벗어나 통일된 자주독립 국가를 세워 평화와 번영을 누릴 수 있는 절호의 기회이다. 근대에 들어와 세계 모든 민족의 염원은 민족국가 건설이었다. 스스로 결정권을 갖는 민족자결의 정부 수립과 이를 통한 평화와 번영은 전 세계인의 꿈이고 유엔 헌장 1조의 정신이다.

일제로부터 해방 75년을 맞아 대한민국은 일제 수탈과 6·25 전쟁으로 폐허가 된 상태에서 특유의 역동성과 속도로 세계 10위의 경제 대국으로 일어섰다. 그리고 선진국으로 불리는 경제협력개발기구 일원이 되었다. 그러나 하나의 민족이 남북으로 나뉘어 대치·갈등하고, 이로 인해 주변 강대국에게 휘둘리는 상태를 온전한 민족국가로 볼 수 없다. 남북이 교류·협력을 거쳐 통일을 이룩할 때 비로소 근대 125년의 꿈인 자주독립국가 수립은 완성되는 것이다.[6]

통일이 되면 성장 동력 고갈로 한계에 이른 한국 경제가 한 번 더 도약할 것이다. 남북이 통일되면 인구는 약 8000만 명이 될 것인데, 이는 영국·프랑스·독일 등 G7 국가의 평균이다. 남북한 통일은 규모 면에서 영토를 2배 넓히고, 인구를 1.5배 늘리게 돼 '규모의 경제'를 만들어 준다. 이 힘으로 일본·중국의 동북3성·러시아 연해주를 연결해 동북아 경제공동체를 만들 수 있다. 동북아 경제공동체는 인구나 면적에서 유럽연합과 비등한 규모가 된다. 통일 한국을 중심으로 일본·동북3성·연해주가 연결되면 3억 5000만 명의 내수시장이 생기는데, 그 안에서 경제뿐만 아니라 인적 교류와 문화 교류도 활발해질 것이다.

동북아 경제공동체의 원형은 역사에서 자주 등장했다. 20세기 초반에는 일본이 대동아공영권을 추진했고, 그 이전에는 청나라 또 그 전에는 원나라, 더 오래 전에는 발해·고구려·고조선이 그랬다. 동북아 경제공동체는 과거 일본이 추진했던 대동아공영권과 지역적으로 일치한다. 다만 일본의 경우 폭력적으로 추진했지만, 향후 펼쳐질 공동체는 상생 관점에서 평화적 방식으로 한다는 차이가 있다.

동아시아에서 패권 경쟁을 벌이는 중국과 일본이 주도한다면 서로 견제하기 때문에 이뤄지기 어렵다. 그러나 남북한이 통일을 이루면서 평화와 공영을 위해 그런 주장을 한다면 설득력을 갖게 된다. 동북아 경제공동체 본부를 서울에 두고 통일 한국이 중국과 일본의 세력 균형을 잡아 줄 수도 있다.

한 걸음 더 나아가 한중일 경제공동체로 확대될 경우 세계 최대의 경제블록이 만들어진다. 대외경제정책연구원에 따르면 한중일 자유무역협정이 체결되고 동아시아에서 경제협력이 심화되면, 동아시아 경제블록은 국내총생산 규모에서 북미와 유럽을 제치고 세계 1위의 경제블록이 된다고 한다.

세계의 중심이 동아시아로 옮겨 오고 통일 한국은 그 속에서 새로운 국가 위상을 만들어 갈 수 있다. 서울이 한중일 경제공동체의 중심이 되고 평화의 중심이 되어, 한반도가 세계의 정치·경제·문화의 중심이 되면서 문명의 중심축으로 발전하게 된다.[7]

통일되면 무엇이 달라지나?

통일이 되면 무엇보다 한민족 개개인의 자긍심과 당당함이 살아날 것이다. 그간 우리 민족은 분단되어 섬 아닌 섬에서 고립된 채 살아왔다. 허리가 두 동강난 상태의 삶이 정상일 수 없듯 의식도 불구였다. 남북한은 적대 상태에서 체제 경쟁을 벌이며 자국 내 상대방 요소를 철저히 말살시켰다. 남한에서는 사회주의적 사고방식이 불온시되고 북한에서는 자본주의적 사고방식이 배척되었다.

통일이 되면 사상 통제의 족쇄를 벗어나 무엇이든 생각하고 표현할 수 있어 의식의 해방을 가져올 것이다. 같은 동포끼리 싸우고 헐뜯는 구차한 짓을 더 이상 하지 않아도 된다. 당당함이 온 사회를 압도할 게 분명하다. 학생들의 수학여행지도 경주뿐 아니라 만주·연해주 등 고구려·발해 유적지와 항일투쟁 현장이 되면서 자긍심과 호연지기도 절로 키워질 것이다.

통일은 위축된 의식을 일깨워 창의적 사고를 만발하게 할 것이다. 전 세계를 강타한 "'한류'는 1987년 민주화가 촉발한 사회적 활력이 세계화·정보화의 물결에 올라탄 화학작용의 결실"이란 점을 감안할 때, 통일이 가져올 사회적 에너지는 폭발적일 것이다.

우리에게는 식민지 시대와 분단 시절 겪었던 고통과 비애로 인해 전 세계인을 공감시킬 수 있는 주제와 소재가 무궁무진하다. 지금의 한류가 한 단계 이상으로 도약할 게 분명하다.

통일이 되면 남북에 팽배한 군사주의 문화가 사라지게 될 것이다. 6·25전쟁을 치르고 남북이 적대 관계 속에서 군사력 경쟁을 하면서 남북 모두 군사 부문이 과도하게 팽창하고 군사주의 문화가 전 사회를 지배했다. 군대란 본래 전쟁에서 적과 싸워 이기는 것이 존재 이유이니 속성상 적과의 대결 의식으로 무장되어 있다.

인간관계에서도 적과 동지만 존재하는 이분법적 사고를 하게 된다. 중도파도 적으로 간주되며 적과의 타협은 금기시되고 의견의 다양성도 용인되지 않는다. 군사주의 문화는 조율과 타협이 필요한 현대 다원주의 사회의 운용 방식과 충돌할 수밖에 없다. 통일되면 병력 감축 등 군대 운용의 변화와 함께 군사주의 문화도 자연스레 퇴조할 것이다.

통일이 되면 민주주의가 한층 더 발전할 것이다. 이해가 다르고 생각이 다른 상대방의 존재를 인정하고 조율과 타협을 중시하는 민주주의는 군사주의 문화의 퇴조와 함께 새 장을 열게 된다. 분단 상태에서 한국의 정당 구조는 매우 협소한 이데올로기 지형 속에서 다양한 집단의 이해를 반영하지 못한 채 운영되어 왔다. 통일이 되어 사상의 자유가 보장되면 극좌에서 극우까지 모든 정치집단을 제도권으로 흡수해 갈등을 용광로처럼 녹이는 정치 제도를 실험할 수 있다. 새로운 차원의 민주주의가 도래하는 것이다.

어떤 방법으로 통일할 수 있을까?

여러 사람이 함께 여행을 떠날 때 프로그램과 일정에 대한 합의 없이 출발한다면 어떻게 될까? 아마 매일 다툼과 분쟁이 생길 것이고 결국 여행은 엉망진창이 될 것이다. 한반도 통일의 여정도 마찬가지이다. 통일의 방법론에서 사회적 합의가 있어야 한다. 그런데 우리 사회는 '민족공동체통일방안'이란 정부의 공식 정책이 있는데도 불구하고 초보적 수준의 합의조차 이루지 못하고 있다.

보수 진영은 남북 간 국력 격차를 더 벌리며 북한을 봉쇄하고 고립시키면 결국 무너질 것이므로 그때 미국과 협력해 북한을 흡수통일하면 된다고 생각한다. 이에 반해 진보 진영은 교류 협력을 통해 남북한 민족공동체를 만들어 가면서 점진적으로 통일하는 것이 올바른 방법이라고 믿고 있다. 마치 집을 짓는 데 한쪽은 건물부터 빨리 올리자고 하고 다른 쪽은 기초공사부터 천천히 하자면서 서로 상대방을 비난하며 대립하는 형국이다.

통일의 방법론은 이론적으로 볼 때 당사자의 자발성 여부를 기준으로 흡수통일과 합의통일, 진행 속도를 기준으로 급진적 통일과 점진적 통일, 수단을 기준으로 무력통일과 협상통일 등으로 나눌 수 있다.

흡수통일은 국력이 강한 국가가 강압적 수단으로 약한 국가를 병합해 하나의 국가를 만드는 방식이다. 통일된 국가는 힘이 강한 쪽의 이념과 체제가 일방적으로 관철된다. 베트남이 대표적인 사례이다. 북베트남은 전쟁에서 승리해 남베트남을 점령함으로써 사회주의 이념과 체제로 통일했다. 독일은 국력이 약했던 동독 국민이 자유총선거를 통해 자발적으로 서독에 편입·합병되었으므로 합의통일에 해당된다.

합의통일은 두 국가가 대등한 자격으로 협의해 하나의 국가를 만드는 방식과 국력이 약한 국가가 자발적으로 민주적 절차

독일 분단의 상징인 베를린 장벽을 부수고 있다. ⓒ 위키미디어

를 거쳐 국력이 강한 국가에게 주권을 이양해 하나의 국가를 만드는 방식 등이 있다.

첫 번째 방식의 대표적 사례는 예멘이다. 남북예멘은 협상에 의해 정부 지분을 반분하기로 한 후 통일을 선포했다. 1989년 당시 남예멘 인구는 북예멘의 1/4밖에 되지 않았으나 지분의 절반을 요구해 관철시켰다. 그러나 이 방식은 현실적 힘의 분포를 무시하고 동등한 지분을 보유하기 때문에 통일 뒤 불안정하다는 문제를 안고 있다. 예멘은 통일 뒤 다시 전쟁이 벌어져 북예멘이 남예멘을 제압하면서 끝이 났다.

두 번째 방식의 대표적 사례는 독일이다. 독일 통일은 동독 주민의 탈출과 시위로 인한 체제 위기 속에서 동독인이 자발적으로 서독에 편입하기로 결정하면서 이뤄졌다. 이 방식은 힘이 약한 국가의 국민이 강한 국가로의 편입을 자발적으로 원할 때 가능하므로 힘이 강한 국가 체제가 정치적 정통성 측면에서 우월해야 가능하다. 또한 교류 협력을 통해 약한 국가 국민의 민심을 얻어야 한다.

급진적 통일은 말 그대로 통일 과정이 급진적으로 진행되어 이뤄지는 통일이다. 베트남은 무력에 의한 급진적 통일 사례이다. 독일은 평화적 방식으로 급진적 통일을 이룬 사례이다. 독일 통일은 1989년 8월 헝가리에서 휴가를 보내던 동독 주민의 탈주 사태에서 시작되어 불과 1년 2개월 만에 마무리되었다. 급진적 통일은 막대한 비용이 소요되어 통일 이후 후유증이 크다는 문제점을 안고 있다.

점진적 통일은 점진적·단계적으로 이뤄지는 통일이다. 1990년 4월 예멘의 1차 통일이 여기에 해당된다. 예멘은 1979년 이래 네 차례에 걸쳐 통일 협상을 벌이고 통일 헌법까지 만들었다. 하지만 실제 통일 과정이 시작된 것은 1988년 사나협정 체결 이후부터다. 예멘의 1차 통일은 실질적 세력 분포를 반영하지 않은 무리한 지분 구성으로 혼돈을 겪다가 4년 뒤 내전을 거쳐 재통일되는 과정을 거치게 된다.

무력통일이란 말 그대로 무력에 의해 전쟁을 거쳐 이뤄지는 통일이다. 베트남 통일이 여기에 해당된다. 역사적으로 국가 사이의 통일은 대부분 무력에 의한 방식으로 이뤄졌다. 그러나 한반도에서 무력통일은 검토 대상이 아니다. 현재 남북한이 보유하고 있는 엄청난 살상 무기를 감안할 때, 무력에 의한 통일 시도는 민족을 재앙에 빠뜨릴 게 분명하기 때문이다. 이 점을 감안해 대한민국 헌법 제66조 3항은 대통령에게 평화적 통일의 의무를 지우고 있다.

통일 방법론은 무력통일을 배제하면 급진적 흡수통일, 급진적 합의통일, 점진적 흡수통일, 점진적 합의통일 등 4가지 경우가 있다. 그중에서 우리가 갈 길은 점진적 합의통일이다. 정부의 공식 통일 방안 '민족공동체통일방안'도 이 방식이다. 물론 실제 통일 과정은 우리 희망처럼 점진적으로 진행되지 않을 가능성이 크다. 남북 간, 남남 간 아무리 점진적 통일에 합의했다고 해도, 실제 통일 과정은 일단 시작되면 계곡의 급류처럼 흘러갈 개연성이 크다.

따라서 점진적 합의통일의 통일 방법론은 상대를 무너뜨리고 급하게 통일하겠다는 한탕주의식 사고를 경계하는 데 방점이 찍혀 있다. 결과적으로 발생하는 통일 과정이 급진적일 때 이를 거부하는 게 아니다. 천금 같은 통일 열차가 왔을 때 준비가 좀 덜됐다고 언제 올지 모르는 다음 열차를 기다리며 안탈 수는 없기 때문이다.

26 | 우리 정부의 통일 방법론은 무엇인가?

우리 정부는 '민족공동체통일방안'이라는 통일 방법론을 갖고 있다. 1989년 노태우 정부 시기 만들어져 지금까지 역대 정부의 공식 정책으로 수용된 통일 방법론이다. 그런데 보수 진영에서는 자기들이 주도해 만들었음에도 불구하고 흡수통일론에 집착해 이를 마뜩찮아 한다. '민족공동체통일방안'에 대해 알아보자. 특히 '민족공동체통일방안' 중 주목을 끌었던 '남북연합'이 무엇이고 남북연합과 통일 국가는 어떤 차이가 있는지도 함께 알아본다.

'민족공동체통일방안'은 무엇인가?

1989년 9월 노태우 정부는 '한민족공동체통일방안'을 발표했다. 1980년대 말 냉전 체제 해체와 새로운 국제질서의 출현에 대응하고 국내에서 격렬하게 전개되던 민간의 통일 운동을 수렴하기 위해서였다. 이는 김영삼 정부 시기 '민족공동체통일방안'으로 이름이 바뀌면서 보완되어 대한민국 정부의 공식적인 통일 방안으로 자리 잡았다.

'민족공동체통일방안'이란 민족 공동체 형성을 통해 점진적으로 통일을 이루겠다는 정책으로 화해·협력 단계→남북연합 단계→통일 국가 완성 단계의 3단계를 거치는 것이다. 주목을 끌었던 것은 남북연합이었다. 남북한의 기존 정부를 그대로 둔 채 남북정상회의·남북각료회의·남북평의회·공동사무처 등을 별도로 만들어 교류 협력과 통일을 추진해 나가겠다는 구상이다.

'민족공동체통일방안'은 점진적·단계적인 통일 방법론이다. 첫 번째, '화해·협력 단계'는 남북이 상대방의 정치 체제를 인정하고 신뢰를 쌓아 나가면서 화해와 협력을 추진하는 시기이다. 이 단계에서는 남북이 분단 상태를 평화적으로 관리하면서 각종 교류와 협력을 추진하는 데 역점을 둔다.

두 번째, '남북연합 단계'는 남북한이 '국가연합'을 결성해 경제·사회·문화 공동체를 만들어 가는 시기이다. '국가연합'이란 유럽연합, 동남아시아국가연합 등에서 보다시피 외교·국방·경제 정책 등에서 각국의 독립성을 유지하면서 서로 협력하는 체제이다. '국가연합'은 각국 정상이 수시로 모여 주요 현안에 대해 합의를 도출하고 이를 실천하는 방식으로 운영된다. 남북의 두 정상이 정기적으로 만나 주요 현안을 조율해 합의하고 이를 실천해 간다면 굳이 조약을 맺지 않아도 사실상 '남북연합'이다.

세 번째, '통일 국가 완성 단계'는 남북한 두 체제의 기구와 제도가 통합되어 완전한 통일을 이루는 단계이다. 남북연합의 운용 과정에서 형성된 민족 공동체를 기반으로 남북한 의회 대표들이 마련한 통일 헌법에 따라 통일 정부와 의회를 구성하면 된다.

'민족공동체통일방안'은 남북이 교류 협력을 통해 민족 공동체를 만들어 나가면서 정치적 통일을 이루겠다는 적극적이고 공세적인 통일 정책이다. 국력이 강한 쪽에서 추진할 수 있는 정책이다. 그러나 이 방안은 1단계부터 어려움을 겪고 있다.

　노태우 정부 이래 추진된 남북 간 교류 협력은 군사적 갈등이 발생하면 중단되며 가다 서다를 반복하고 있다. 1단계 교류 협력은 정경 분리가 관건인데 말이 쉽지 현실 정치에서 지켜지기란 매우 어렵다. 남북 간 정치·군사적 분쟁이 발생할 경우 정부 당국자 입장에서는 강경책을 주문하는 보수 세력과 여론을 의식할 수밖에 없기 때문이다. 더욱이 한미 간 이견이 발생할 때 미국과 국내 친미 세력의 압박을 견디며 교류 협력을 지속해 나가는 게 보통 뚝심으로는 쉽지 않다.

　2단계인 '남북연합 단계'도 수많은 난관이 도사리고 있다. 개혁·개방 과정에서 체제 유지에 부심할 수밖에 없는 북한 정권이 마냥 협조적이지는 않을 것이기 때문이다. 민족의 염원인 통일로 가는 길은 숱한 암초와 험한 파도를 헤쳐 나가는 힘겨운 항해이다.

남북연합은 무엇인가?

　'남북연합'이란 대한민국과 조선민주주의인민공화국 사이 '국가연합'이다. '국가연합'은 조약으로 복수 국가가 자신의 주권을 보유하면서도 주권의 일부를 공동의 연합 기구에 이양하는 것이다. '국가연합'은 회원국이 각기 주권을 갖기 때문에 창립과 변경은 만장일치에 의해서만 가능하다. 그리고 회원국은 언제라도 '국가연합'에서 탈퇴할 권리가 있다. 또한 회원국은 공동 기구의 정책 결정에 대해 거부권을 행사할 수 있다.

1991년 남북기본합의서 타결 당시 남측의 정원식 국무총리와 북측의 연형묵 정무원 총리. ⓒ 연합뉴스

'국가연합'은 연방과 다르다. 연방은 복수의 국가가 공동의 목적을 위해 조약 또는 연방헌법에 의해 설립된 조직적 권력 통일체다. 따라서 연방 국가는 자체적인 정부 기관을 두고 연방 구성국과 그 주민에게 통치권을 행사하며 외교권과 군사권을 갖는다.

이에 비해 '남북연합'은 남북한이 서로 국가로서 실체를 인정하는 기반 위에 정치·경제·외교·군사권 등 현재 양국이 행사하는 모든 권한과 기능을 계속 보유한다. 그 위에서 남북정상회의와 각료회의를 통해 남북 간 현안을 관리하고 민족 관심사를 추진해 나가는 체제이다.

'남북연합'은 남한과 북한이 각기 자신의 국가 체제를 유지하면서 연합 기구를 창설해 공동의 업무를 추진해 가는 체제인 것이다. '남북연합'은 통일된 국가의 형태가 아니며 완전한 통일 이전 단계에서 남북한 두 정부가 연합 기구를 통해 협력하는 방식이다. '남북연합'은 연합 기구가 관장하는 역할을 점차 확대해 더 높은 단계로 나아갈 때 통일 국가로 발전할 수 있다.

'남북연합' 출범은 한반도 현실에서 사실상 통일을 의미한다. 동포끼리 자유롭게 왕래하고 각 분야에서 교류와 협력이 이뤄지면 사실상 통일의 상황이 펼쳐지기 때문이다.

독일 등 분단국 통일 과정에서 보듯이 남북 간 상호 의존도가 높아지고 민족 공동체 의식이 깊어져 통일의 구심력이 커지면, 국제 정세에서 적절한 계기가 조성될 경우 곧장 완전한 통일로 발전하게 된다.

2018년 한 해에 남북정상회담이 세 차례 열렸다. 두 번째 열렸던 5월 판문점 통일각 정상회담은 트럼프 대통령이 북미 정상회담 취소를 선언한 바로 다음날 남북이 긴박하게 움직여 비밀리에 열렸다. 이날 회담은 전격적인 정세 돌파 담판으로 강대국 정치에 흔들리지 않겠다는 남북 공조 선언이었다.

문재인 대통령은 회담 후 "이번 회담이 무엇보다 의미가 컸던 것은 남북 정상이 긴급한 현안을 논의하기 위해 번잡한 절차와 형식을 생략하고 일상적인 만남처럼 쉽게 연락하고 쉽게 약속해 쉽게 만났다는 사실"이라고 의미 부여를 했다. 남북 정상회담의 정례화·수시화는 사실상 '남북연합'을 의미한다.

유럽연합을 작동시키는 핵심 장치도 바로 정례적으로 열리는 정상회담이다. 유럽연합은 한 해에 두 번, 동남아시아국가연합은 한 해에 한 번 정례 정상회담을 하며, 긴급 현안이 생길 때면 수시로 회담을 연다. 여기서 합의된 사항을 각료회담을 통해 구체화시켜 실천하는 방식으로 운영된다.

따라서 남북이 정상회담을 정례화시키고 개성에 설치한 연락대표부를 사무처로 발전시켜 남북연합 의회를 구성하면 '남북연합'은 공식화되는 것이다.

27 | 흡수통일은 왜 문제인가?

통일은 힘이 강한 나라가 약한 나라를 흡수해 이뤄지는 것이 역사의 상식이다. 독일 통일도 힘이 강했던 서독이 동독을 흡수해서 이뤄진 것으로 볼 수 있다. 그런데 한반도 현실에서는 왜 흡수통일론이 문제 되는 걸까? 흡수통일론의 문제점을 살펴보고 한반도의 통일은 어떤 방식으로 추진해야 할지 알아보자.

한반도에서 흡수통일이 가능할까?

흡수통일은 당사자 의사와 무관하게 국력이 강한 국가가 강압적인 수단으로 약한 국가를 병합해 하나의 국가를 만드는 방식이다. 통일 국가의 체제는 국력이 강한 쪽의 이념과 제도가 일방적으로 관철된다.

 1975년 베트남 통일을 비롯해 한국의 삼국 통일과 후삼국 통일, 16세기 일본 전국시대를 평정한 도요토미 히데요시의 통일, 중국 춘추전국시대를 마감시킨 진시황의 통일 등 역사에 나타났던 대부분 통일 사례가 바로 무력에 의한 흡수통일이다. 단, 1990년 독일의 통일은 흡수통일이 아니다. 국력이 약했던 동독 국민이 1990년 3월 총선거를 통해 신속한 통일을 지지했고 이를 바탕으로 자발적으로 서독 연방에 편입됐기 때문이다.

한반도 상황에서 흡수통일론이란 북한이 체제 위기로 곧 무너질 테니 교류와 협력으로 숨통을 틔워 주기보다 경제 제재를 통해 고립시키고 압박해 조기 붕괴를 유도하는 것이다. 그리고 북한에서 급변 사태가 발생하면 미국과 협력해 북한 지역을 점령하면 된다는 발상이다. 1990년대 초 소련이 해체되고 동유럽 사회주의 국가들이 몰락하면서 서구 언론의 북한 붕괴 예측 기사가 쏟아질 때 한국 언론에 팽배했던 담론이다. 흡수통일론은 체계적 이론을 갖고 공식적으로 천명된 적은 없지만, 김영삼·이명박·박근혜 정부 시기 주요 정책결정자의 생각이었으며 이를 바탕으로 대북 정책이 추진되었다.

흡수통일은 북한이 스스로 무너져야 가능하다. 북한은 붕괴될까? 북한이 붕괴되어 무정부 상태가 될 가능성은 크지 않다. 조선민주주의인민공화국이라는 국가가 붕괴된다는 것은 김정은 정권의 실각이나 북한 사회주의 경제 체제가 바뀌는 것과는 다른 차원의 문제이다. 이를 혼동하면 안 된다. 북한은 60년 이상 경제 제재와 군사적 압박 속에서도 무너지지 않았다. 대북 제재와 봉쇄정책은 중국이 적극적으로 참여하지 않으면 실효성이 없는데, 중국은 북한 지역의 안정을 원하기 때문에 참여하지 않고 있다.

설령 북한이 붕괴돼 무정부 상태에 이른다 해도 국제법상 독립적 주권국가인 북한 지역이 곧바로 한국 차지가 될 수도 없다. 같은 민족이란 점이 국제적으로 인정되어 한국의 연고권이 받아들여진다 해도 북한 주민의 동의 절차인 투표를 거쳐야 한다. 북한 주민의 압도적 여론이 한국에 편입되겠다는 점이 확인돼야만 남북한 병합 논의가 시작되는 것이다.

지금 투표를 한다면 북한 주민이 한국에 병합되는 데 찬성할까? 여론 조사를 통해 확인할 수는 없겠지만 아마 반대 여론이 훨씬 클 것이다. 국내 탈북민의 한국 사회 적응 과정에서 차별 때문에 마음 고생하는 현실을 감안할 때 북한 주민의 정서를 그렇게 추정하는 것도 무리가 아니다. 만약 급변 사태를 맞아 한미 측이 무력을 사용할 경우 중국을 불러들여 국제전으로 비화될 가능성이 높다.

흡수통일은 엄청난 통일 비용을 발생시킨다. 2010년 이명박 정부 시기 대통령 직속 미래기획위원회가 의뢰해 한국개발연구원(KDI)의 서중해 박사팀이 수행한 연구 결과에 따르면, 북한이 급변 사태로 무너질 경우 30년간 연평균 85조 5000억 원의 통일 비용이 발생한다고 한다. 북한이 급변 사태로 붕괴되면 북한에 대해 소득 보전을 해야 하고 대규모 투자가 불가피하기 때문이다. 북한이 개방 등을 통해 점차적으로 통일하는 경우 연평균 11조 8000억 원에 비해 무려 7배 이상이 든다.[7] 한반도에서의 흡수통일은 어떤 경우를 상정하더라도 가능한 시나리오가 아니다.

흡수통일론 폐해는 무엇인가?

흡수통일론은 대한민국 정부의 대북 정책, 통일 정책, 외교정책을 오도하고 있다. 북한을 '있는 그대로'가 아닌 '보고 싶은 대로' 보기 때문이다. 보수 진영의 북한에 대한 혐오와 불신은 북한 상황을 왜곡하고 있다.

1994년 김일성 사망으로 발생한 위기를 남북 관계 발전과 평화 정착의 기회로 활용하지 못한 것도 김일성 사망과 북한 붕괴를 등치시켰기 때문이다. 북한의 절대 독재자 김일성이 사망하면 북한 체제는 당연히 무너질 것이라는 단순한 생각이었다. 당시 김영삼 정부의 잘못된 대응은 4년 넘게 남북 관계만 악화시킨 채, 수많은 북한 주민이 식량난으로 굶어 죽는 것을 방관하는 결과를 낳았다. 조기 붕괴론은 북한의 경제 위기만을 보면서 견고하게 작동되는 공안 기제 등 정치 체제와 북한의 붕괴를 바라지 않는 중국 등의 국제사회 역할을 과소평가하고 있다.

북한을 압박하고 고립시켜 한반도에 긴장 상태가 조성되고 남북한이 적대적으로 대치할수록 북한 정권은 약화되는 게 아니라 오히려 독재 체제가 더욱 강화되었다. 북한 역사를 보면 김씨 정권은 대남 관계와 대미 관계가 험악해질수록 입지가 단단해졌다. 북한은 건국 초기만 해도 북만주 빨치산파·남로당파·중국 연안파·소련파 등의 연합정권이었다. 하지만 6·25전쟁과 전후 복구 과정을 거치면서 남로당파와 연안파·소련파가 숙청됐다. 그 뒤 김일성 방계인 갑산파까지 제거되면서 김일성 1인 지배 체제가 되었다.

1972년 남한에서 '북한 위협론'을 평계로 유신을 선포해 박정희 독재 체제를 구축할 때, 북한은 남한과 미국 위협론을 구실로 헌법 개정을 통해 국가 주석제를 신설하고 김일성 유일 체제를 완성시켰다. 1990년대 초 국제적 고립과 경제난 속에서 김정일이 구사했던 생존 전략은 미국과 남한에 대한 적개심 고취였다. 한반도에 긴장 상태가 조성되고 남북의 적대적 대치가 첨예해질수록 북한 정권의 독재 체제는 더욱 강화됐다.

조기 붕괴론에 기초한 대북 정책은 북한 지도부로 하여금 체제 위기감을 갖게 해 개혁과 개방을 주저하게 만드는 부작용을 낳았다. 북한 지도부는 남북 협력이 심화되면 고민이 깊어질 수밖에 없다. 개혁 개방의 속도와 폭을 조절하는 것도 문제지만, 남북 관계 호전과 북한 체제의 유지는 근본적으로 상충되기 때문이다.

국력이 크게 뒤지는 북한 입장에서 남북 관계의 지나친 호전은 내부의 문제를 두드러지게 해 체제 유지를 위협하는 요인이 된다. 인적 교류를 통해 북한 주민이 직접 남한의 경제 발전상과 민주화 수준을 보게 되면 대남 우월 의식이 깨질 뿐만 아니라 자신의 체제에 대한 불만이 커질 수밖에 없기 때문이다.

따라서 북한 지도부 입장에서는 전통적인 '적대적 상호 의존 관계'를 지속시키고 싶은 유혹을 느낄 것이다. 그렇다고 다시 적대 관계로 돌아가자니 파국에 처한 경제난을 타개하기 어려워 진퇴양난일 수밖에 없다. 한국 정부의 흡수통일론에 바탕한 적대적 대북 정책은 북한 지도부로 하여금 강대강 맞불 대응 외 다른 선택의 여지를 없애 버린다.

동독이 서독과 교류 협력에 호응했던 것은 흡수통일에 대한 두려움이 크지 않았기 때문이다. 소련군 20만 명의 동독 주둔으로 안보에 대한 걱정이 없었다. 130여 개 국가와 외교 관계 수립으로 국제적 고립을 걱정하지도 않았다. 무엇보다 서독의 책임 있는 당국자 입에서 흡수통일론 자체가 거론되지 않았던 점이 동독의 불안감을 키우지 않은 가장 큰 이유였다.

이에 비해 북한은 국제적으로 고립되었고, 경제력·군사력 등 국력에서 남한에 크게 뒤질 뿐만 아니라 남한 당국자 입에서는 수시로 흡수통일 얘기가 나오고 있다. 2011년 6월 이명박 대통령이 민주평통 간부위원 임명장 수여식에서 했던 "통일은 도둑같이 올 것"이라는 발언, 2014년 1월 박근혜 대통령이 신년 기자회견에서 "통일은 대박이다"는 발언은 흡수통일을 시사하는 발언이다. 한국의 책임 있는 당국자는 흡수통일론을 전해 듣는 북한 지도부와 주민의 심경이 어떨지 한번쯤 생각해 봐야 한다.

28 | 서독은 서서 갈등이 없었을까?

분단국가였던 서독도 우리와 사정이 크게 다르지 않았을 텐데 서독에서는 동독과 교류 협력을 둘러싼 갈등이 없었을까? 독일은 어떻게 통일까지 갈 수 있었을까? 서독의 경험은 남남 갈등에 시달리는 우리에게 교훈이 될 것이다. 서독 내부의 서서 갈등과 그 극복 과정에 대해 알아보자.

독일 통일의 원동력은 무엇이었을까?

독일의 통일은 20년 이상 지속된 동서독 간 교류 협력의 결실이었다. 서독은 브란트 총리가 동방정책을 시작한 1969년 이후 1990년 통일될 때까지 매년 연평균 29억 달러의 경제 지원을 동독에 제공했다. 또한 동서독 간에는 매년 1300만 명이 넘는 사람들이 상대국에 방문했을 정도로 인적 교류가 활발했다.

독일은 제2차 세계대전의 패배로 미·소·영·불 전승 4개국에 의해 분할 점령되면서 분단이 시작되었다. 전승국은 두 차례의 세계대전을 일으킨 독일이 앞으로 다시는 전쟁을 일으킬 수 없도록 힘을 빼놓겠다는 의도로 국토를 분할시켰다. 독일의 서남부는 미국, 서북부는 영국, 서부는 프랑스, 동부는 소련이 점령했고, 수도 베를린도 4개국에 의해 분할 점령되었다.

이후 냉전이 심화되면서 미·영·불이 점령했던 지역은 서독, 소련이 점령했던 지역은 동독이 되면서 본격적인 체제 경쟁을 벌이게 된다.

독일 통일의 시발점이 된 1989년 5월 동독 주민의 탈주는 동서독 간 체제 경쟁에서 동독이 패배한 데 원인이 있었다. 서독은 기민당의 아데나워 집권 시기를 거치면서 경제발전과 친서방 정책으로 주권을 회복시켰다. 또한 북대서양 조약기구에 가입해 안보를 튼튼히 하면서 체제 경쟁에서 우위를 확보했다. 에르하르트 집권 시기에는 동유럽과 관계를 확대했다.

1960년대 후반 집권한 사민당의 브란트 총리는 동방정책으로 동독과 화해 협력을 추진했다. 브란트 총리는 동독과 '동서독 기본조약'을 맺었을 뿐만 아니라 소련과 관계를 개선하고 헝가리·체코·불가리아 등과 국교를 수립함으로써 통일의 대외적 기반을 마련했다. 1982년 집권한 기민당의 콜 총리는 친서방 정책을 강화하기도 했지만, 소련의 원조 감소로 힘들어 하던 동독에게 1983~1984년 동안 약 24억 마르크의 차관을 제공하는 등 전임 사민당 정부의 동방정책을 지속시켰다.

독일 통일은 1990년 3월 실시된 동독의 '자유총선거'에서 사실상 결정되었다. 동독의 신속한 서독 편입을 선거공약으로 내걸던 드 메지에르가 이끄는 독일연합이 승리함으로써 동독인의 통일 의지가 공식적으로 확인되었기 때문이었다.

이후 통일 독일의 나토 가입 문제를 둘러싼 우여곡절이 있었지만 네 차례의 '2+4 회담'에서 해결됨으로써 통일의 걸림돌은 모두 사라졌다. '화폐·경제·사회통합 조약'이 체결되어 7월 1일부터 동서독은 단일 경제가 되었다. 8월 31일 '독일의 단일성

폴란드를 방문한 빌리 브란트 서독 총리가 1970년 12월 7일 아침 바르샤바 유대인 위령탑 앞에서 헌화한 후 무릎을 꿇고 있다. ⓒ bpk-bildagentur

회복에 관한 조약'이 체결되어 10월 3일 동독이 서독에 편입됨으로써 통일은 완료되었다.

서독은 서서 갈등을 어떻게 극복했을까?

서독 정부의 일관된 통일 정책 추진이 가능했던 것은 1982년 사민당에서 기민당으로 정권 교체 후 헬무트 콜 총리가 전임 정부의 정책을 계승했기 때문이었다. 그 배경에는 기민당의 1972년 총선 참패가 자리 잡고 있다.

서독은 전후 아데나워 총리의 기민당이 오랜 기간 독주를 계속하다 1969년 사민당과 자민당의 연정 합의로 사민당의 빌리 브란트 총리로 정권 교체가 이뤄진다. 브란트 정부는 집권했지만 의회에서 의석 부족으로 불안정 상태가 지속되다 급기야 의회에서 불신임 결의를 받게 된다. 우여곡절 끝에 단 2표 차로 부결됨으로써 간신히 내각이 붕괴되는 사태를 면했다. 하지만 브란트 정부는 정국 혼란을 견디지 못해 전후 처음 의회를 해산하고 총선을 치르게 되었다.

동독과 교류 협력을 주요 내용으로 하는 '동서독 기본조약'의 조인 여부와 브란트 정부의 동방정책을 둘러싼 공방으로 치러진 1972년 총선은 모두의 예상을 깨고 기민당 참패로 막을 내렸다. 전후 처음으로 보수 계열의 기민·기사연이 진보 계열 사민당에게 의석수에서 8석이나 뒤진 결과가 나왔다. 자민당까지 합치면 50석이나 뒤지게 된 것이다. 이 선거는 투표율이 역대 독일 선거 중 최고치인 91.1%에 이를 정도로 치열했다.

기민당은 선거 참패 후 라이너 바르첼 당수 등 모든 지도부가 사퇴하고 당권을 40대 초반의 젊은 정치인 헬무트 콜에게 넘겨주게 된다. 당수가 된 콜은 10년의 절치부심 끝에 1982년에야 집권하는데 당을 환골탈태시켰다. 아데나워 총리 이후 기민당의 외교정책은 동독을 국가로 인정하지 않고 동독과 교류하는 나라와는 단교도 불사하는 것이었다.

하지만 콜은 총선에서 민의를 수용해 정책을 유연하게 끌고 나갔다. 집권 후 전임 정부의 동방정책을 폐기하고 동독에 대해 강경한 태도를 취하라는 당내 강경파들의 압박을 물리치고, 동독과 교류 협력을 지속시켰던 것도 1972년 총선에서 얻은 쓰라린 교훈 때문이었다.

콜 총리는 사민당 정부의 정책 중에서 장점은 과감하게 계승해 동독과 교류 협력을 지속시켰는데, 그 결실이 바로 1990년 독일 통일이다. 콜은 통일 후 무려 8년을 더 집권함으로써 통일 독일의 주춧돌을 놓아 성공한 정치인으로 이름을 남겼다.[8]

29 | 남남 갈등을 극복할 방법은 없을까?

많은 사람이 남남 갈등에 대해 걱정한다. 남남 갈등으로 반쪽 나라가 다시 두 동강으로 쪼개지게 생겼다고 한탄한다. 갈등은 무조건 나쁜 것일까? 다원주의 사회에서 갈등은 자연스러운 현상이다. 그런데 남남 갈등은 왜 문제가 되는 걸까? 남남 갈등의 본질에 대해 살펴보고 이를 극복할 방법을 고민해 보자.

남남 갈등은 왜 문제가 되는 걸까?

경제·복지 정책이나 검찰개혁을 비롯한 사회 문제를 두고 벌어지는 논쟁과 갈등은 남남 갈등이 아니다. 정상적인 보수-진보 논쟁이다. 이런 보수-진보 투쟁은 정도의 차이만 있을 뿐 어느 시대, 어느 사회에나 존재했다. 이러한 정치 투쟁은 사회적 논의를 풍성하게 해 생산적 대안을 만드는 데 도움이 될 뿐만 아니라 상호 견제를 통해 사회의 균형을 잡아 주는 역할을 한다.

문제가 되는 것은 이념 차원에서 벌어지는 좌우 갈등이다. 대북 정책이나 한미 관계 등 민족 공동체의 생존과 관련한 민감한 사안을 두고 상대를 말살시키겠다는 의도로 벌이는 소모적 투쟁과 갈등이다. 상대방에게 종북, 친미 사대 등의 딱지를 붙이며 진행되는 좌우 양 극단의 살기등등한 공방은 증오가 섞여 폭력적이고 극단적인 양태로 발전할 수도 있다. 이는 중간 지대 다수 국민의 의견 표출을 어렵게 해 생산적 대안을 봉쇄할 뿐만 아니라 일관성 있는 정책 추진을 어렵게 한다.

남남 갈등은 극좌나 극우 모두에게 책임이 있지만 극우의 책임이 더 크다. 이념 공세를 주도할 뿐만 아니라 역사적 뿌리가 깊고 사회적 영향력이 훨씬 더 크기 때문이다.

2020년 코로나19 사태 속에서 벌어진 전광훈 목사 일파와 '태극기 세력'의 방자한 행태를 두고 많은 사람이 의아해 했다. 이들이 주도한 광복절 집회로 코로나가 확산되어 전 국민이 극심한 고통을 겪었다. 그런데도 미안해하기는커녕 대통령 하야를 요구하고 질병관리청장을 고발하는 등 적반하장의 행태를 보였기 때문이다. 도대체 뭘 믿고 이러는 걸까? 전광훈 일파와 '태극기 세력'을 부추기고 뒷배를 봐 주는 세력이 있다. 보수 야당과 보수 언론을 위시한 '내부 냉전' 세력이 바로 그들이다.

'내부 냉전' 세력은 냉전을 배경으로 한국 사회에서 주도권을 잡았다. '내부 냉전'이란 사회발전의 자생적 리듬에 의해서가 아닌, 미소 패권 국가의 지원하에 강압적으로 권력을 확보하려는 세력이 있을 때 나타나는 투쟁 상태이다. 해방 직후 지역별 자치 기구였던 인민위원회가 미군정에 의해 해체되면서 과거 친일 관료나 경찰이 일선에 다시 복귀했으며, 여기서 친일 세력의 정치세력화가 이뤄진다. 이후 냉전 문화의 전파와 재생산을 담당한 것은 교육과 언론, 그리고 종교였다.

보수 언론은 적색 공포를 만들어 내는 매카시즘의 진원이었다. 군사정권 시절 민주화 요구가 분출할 때는 북한 보도를 단골 메뉴로 활용해 찬물을 끼얹었다. 북한과 관련된 모든 정보를 안보 위협과 연결시켜 대북 적대감을 자극했다. 종교 또한 '내부 냉전'에 깊이 개입했다. 해방 공간에서 정치인 암살 등 온갖 테러에 관여해 '악의 꽃'으로 불렸던 서북청년단의 최대 후원자가 바로 영락교회였다. 요즈음 개신교 우파들이 전광훈 일파를 앞세워 문재인 정부를 공격하는 것도 같은 맥락이다.

'내부 냉전' 세력은 남북 간 갈등이 발생할 경우 이를 증폭시키고, 남북 관계가 호전되면 궤변과 억지로 이를 가로막곤 했다. 남북 관계에서 당장 실천이 불가능한 일을 앞질러 주장함으로써 북한을 탓하고 실현이 가능한 일조차 가로막았다. 2000년 경의선 기공식을 반대한 논리가 대표적이다.

당시 한나라당은 남북 간 군사적 신뢰가 형성되기 전 경의선 연결 공사를 해서는 안 된다고 정치 공세를 펼쳤다. 오랜 기간 적대해 온 남북이 하루아침에 군사적 신뢰 관계를 만들 수 없다는 사실은 누구나 알 수 있는 상식이다. 남북이 교류 협력을 하면서 점차적으로 신뢰를 구축해 가는 것이 순리임에도 불구하고 앞뒤가 뒤바뀐 궤변으로 공세를 펼쳤던 것이다.

남남 갈등 폐해는 무엇인가?

2019년 5월 자유한국당 강효상 의원이 주미 대사관 외교관으로부터 한미 정상 간 통화 내용을 입수한 뒤, 문재인 대통령이 트럼프 대통령에게 방한을 구걸했다고 폭로했다. 강 의원은 「조선일보」 편집국장 출신으로 정상 간 대화나 통화 내용은 양국이 합의해 공개하지 않는 한 국가 기밀이라는 점을 잘 알고 있었음에도 아랑곳하지 않고 노출시켰다. 강 의원의 폭로는 당시 미묘한 정국에서 한미 당국 간 이간책이자 북미 협상을 방해하려는 노림수로 해석되었다. 2013년 대통령 선거 시기 새누리당 정문헌·김무성 의원 등의 노무현-김정일 남북 정상회담 대화록 폭로 이후 다시 등장한 외교 현안을 활용한 정치 공세였다.

역사에서 외교 현안을 악용한 정치투쟁이 종종 있었지만, 조선시대 인조반정 주도 세력이 벌였던 행각은 나라를 파국으로 이끌었던 사건이다. 동아시아 패권이 명에서 청으로 바뀌던 17세기, 조선은 임진왜란으로 국력이 바닥난 상태에서 지는 해 명나라와 떠오르는 해 청나라 사이 줄타기 외교를 통해 생존을 도모하는 처지였다. 쿠데타를 통해 집권에 성공한 김류·이귀 등 반정 세력은 전 분야에서 광해군 지우기를 시도했다. 외교도 예외가 아니었다.

반정 세력은 인목대비의 교서에서 "선조는 임진왜란 당시 명이 도와준 재조지은을 잊지 못해 죽을 때까지 명이 있는 서쪽을 등지고 앉은 적이 없었는데, 광해는 배은망덕해 천명을 두려워하지 않고 오랑캐에게 성의를 베풀었으며, 심하(深河) 전투 때는 전군을 오랑캐에게 투항시켰고 황제가 칙서를 내려도 구원병을 보내지 않아 예의의 나라 조선을 오랑캐와 금수로 만들었다"며 광해군의 외교 노선을 성토했다.

이후 인조 정권은 맹목적인 친명반청의 길을 가는데, 능력도 의지도 없이 반청의 목소리만 높이다가 결국 청의 침략을 맞았다.

1627년 정묘호란, 1636년 병자호란을 겪은 조선은 사실상 망국의 상태에 빠지게 된다. 인조는 잠실 삼전도에서 청 태종 홍

타이지에게 삼배구고두(三拜九叩頭) 예식으로 항복을 한 후 친청파로 변신했으며, 조선 민중은 노예 상태로 전락하게 되었다. 전쟁 기간 청군에 의해 사냥 당해 청나라로 붙잡혀 간 사람들을 '피로인'(被虜人)이라 부르는데, 이들 약 50만 명이 겪었던 고통과 참상은 말로 형언할 수 없을 정도로 끔찍하다. 동아시아 패권이 바뀌던 미묘한 시기, 인조 정권의 무분별한 반(反)광해군 세력의 정치투쟁이 낳은 참상이었다.[9]

남남 갈등 해결할 방법은 무엇일까?

남남 갈등은 민족 공동체의 생존과 관련된 문제를 이념의 잣대로 재단해 소모적 공방을 벌인다는 데 문제가 있다. 실사구시 자세로 논쟁을 벌여도 답을 찾기 어려운 문제를 철 지난 이념과 편견을 바탕으로 논쟁하니 생산적 대안이 나올 리 없다.

경제·복지 정책은 좀 잘못해도 대가를 치르지만 바로잡을 기회가 있다. 하지만 안보나 통일외교 사안은 잘못될 경우 망국으로 치닫게 된다. 나라 안도 바뀌고 밖도 바뀌었다. 지구촌 시대가 열리면서 전 세계가 서로 의존하며 분야별로 복잡한 이해관계를 맺고 있다. 반공과 친미 일변도로 국가 운영을 할 수 있는 시대가 아니다. 경제력에서 한국의 1/50도 안 되는 나라, 3대째 권력세습으로 봉건 왕조 국가에 머물고 있는 북한을 상대로 반공만을 외치는 게 대안이 될 수 없다.

남남 갈등을 생산적으로 이끌기 위해서는 안보·통일·외교 사안에 대해 여야 간 정보 공유가 필요하다. 현실 인식에서 괴리가 클 경우 생산적 대화나 토론이 애당초 불가능하기 때문이다. 서독의 브란트 총리는 특급 비밀을 빼고는 모든 외교 현안을 에곤 바 비서실장으로 하여금 기민당 지도부에게 설명하도록 했다. 프랑스의 미테랑 대통령도 외교 현안에 대해 자크 아탈리 특보로 하여금 야당 지도부에게 수시로 설명하도록 했다.

우리도 그렇게 해야 한다. 국가정보원이 국회 정보위원회에 주요 현안을 정례적으로 보고해 여야 간 정보 공유를 하는 것은 참으로 잘하는 일이다. 여야가 집권을 위해 경쟁하고 정치 투쟁을 하는 것은 민주주의 국가에서 자연스러운 현상이지만 금도가 있어야 한다. 민족공동체의 안위와 관련된 사안을 정치 공세의 소재로 삼아서는 안 된다.

30 | 미중 전쟁, 한국은 어떻게 대처해야 할까?

미중 간 전략 경쟁이 갈수록 치열해지고 있다. 바이든 행정부가 들어선 이후 전임 트럼프 행정부의 주요 정책을 다 뒤집었지만, 중국 견제 정책만은 오히려 내용적으로 더 강화되고 있다. 안보는 미국에게, 경제는 중국에게 의존하는 우리 입장에서 어떤 외교적 스탠스를 취해야 할까?

미중 사이 한국의 외교 전략은 무엇일까?

촛불 정부를 자임한 문재인 정부의 외교 정책은 기본적으로 미국 중심의 기존 질서 유지에 노력하지만, 중국을 노골적으로 견제하는 방식은 피한다는 것이다. 사드 추가 배치하지 않고, 미국 주도 미사일방어 체제에 참여하지 않으며, 미일 중심의 군사동맹에 참여하지 않겠다는 '3NO' 방침 천명도 이러한 전략에서 비롯되었다.

안보에서 사드와 한일정보보호협정 등 한미 동맹의 사안에 협력하면서도, 중국을 겨냥하는 게 아닌 한반도 내부 문제로 국한시키려 하고 있다. 경제에서도 미국과 자유무역협정뿐 아니라 중국과도 자유무역협정을 체결하고, 아시아인프라투자은행에 가입하는 등 호혜적 협력 관계 유지에 부심하고 있다.

이에 대해 야당과 보수 언론은 위험한 '양다리 외교' '줄타기 외교'라며 비판한다. 중국이 한국을 약한 고리로 간주해 공략하는데, 문재인 정부가 이제 벗어나기 어려운 수렁에 빠졌다고 탄식한다. 미중 사이 전략적 모호성을 계속 유지하다가는 끝내 미국으로부터 버림받고 파탄날 것이라며 저주를 퍼붓는다. 안보에서 우리에게는 양자택일밖에 없으며 미국을 분명히 선택해 한미 동맹을 강화해야 한다고 압박한다.

보수 진영의 주문대로 한미 동맹을 강화하면 어떻게 될까? 한미 군사동맹 강화는 현실적으로 한국이 미국의 중국 견제에 적극 참여해야만 가능하다. 미국은 중국 견제를 위해 한국에게 사드 추가 배치나 남중국해 군사 훈련 등의 참가를 요구할 가능성이 높다. 우리가 이 요구를 다 들어주면 어떤 일이 벌어질까? 아마 중국은 한국을 겨냥해 '둥펑' 등의 중거리미사일을 전진 배치하고, 청도에 있는 북해 함대를 서해로 이동시키며 위협할 것이다. 또 북한에 대한 군사 지원도 늘릴 것이다. 안보를 튼튼히 하려고 한미 동맹을 강화했는데 오히려 안보가 위태로워지는 상황이 펼쳐질 가능성이 농후하다.

오늘날 우리는 한미 동맹과 한중 협력을 균형적으로 보며 협력 구도를 만들어야만 생존 가능한 시대에 살고 있다. 미중에서 양자택일할 수 있는 환경이 아니다. 민족의 생존과 번영을 위한 실리적이고 지혜로운 외교가 필요하다. 국민의 자긍심을 높일 수 있는 외교가 필요하다. 실리에 바탕해 슬기롭게 국익을 도모하는 외교, 원칙에 기초한 당당한 외교, 국민적 합의를 바탕으로 하는 외교가 우리 민족의 미래를 평화와 번영으로 이끌 수 있다.

자산의 '고슴도치 전략'은 무엇인가?

강대국 틈바구니에서 번영을 일궈 낸 위인이 있었다. 중국 춘추 전국시대, 정나라 재상을 지냈던 자산(子産)이다. 공자가 흠모해 극찬했던 자산은 『춘추좌씨전』에서 가장 비중 있게 다루는 사람이다.

정나라 재상을 20여 년 했는데, 정나라는 서쪽으로 진, 동쪽으로 제, 북쪽으로 진, 남쪽으로 초 등 당시 4대 강국에 둘러싸인 교통의 요충지에 자리하고 있었다. 정나라는 이 같은 지정학적 위치로 인해 수난을 많이 겪었다. 특히 북방의 강대국 진과 남방의 강대국 초가 줄곧 정나라 땅에서 전쟁을 벌이는 바람에 피해가 컸다.

정나라는 진·초 양국 사이에 끼어 바람 잘 날이 없었다. 초를 지지하면 진의 공격을 받았고, 진과 화친하면 초의 보복을 받았다. 외국의 침략을 수없이 많이 받았으며 한 해에 진과 초의 공격을 연달아 받은 적도 있었다. 설상가상으로 정나라 내부에서는 권력투쟁이 계속되었다. 정변이 일어나 군주가 쫓겨나고 살해되는 일이 비일비재했다. 숙청과 보복의 칼부림이 숱하게 반복되었다. "밖으로는 나라가 작아 강국의 핍박을 받고, 안으로는 가문이 비대하고 총애를 다투는 이가 많아 다스리기가 어렵다"는 자산의 한탄이 당시 정나라의 현실이었다.

자산은 이처럼 위태로웠던 상황에서 재상으로 발탁되어 22년 동안 정나라를 운영했다. 자산은 중국 역사상 최초로 성문법을 만들어 법치를 정착시켰다. 그리고 농지를 정비해 국가의 재정을 확충하는 등 내치에서도 큰 성과를 냈지만 외교에서 특출한 업적을 남겼다.

  자산은 정나라가 약소국이라는 점을 감안해 항상 겸손했지만, 강대국을 대할 때 당당했으며 명분과 논리를 무기로 국익을 추구했다. 자산은 예법을 외교 무대에서 적극적으로 활용했다. 당시 주나라 예법인 『주례(周禮)』는 보편적 준칙으로 각 제후국이 쉽게 무시하지 못한다는 점을 이용한 것이다.

  자산은 『주례』를 원용해 강대국 진이 요구한 공물의 양을 대폭 줄였고 침략의 트집을 잡으려던 진의 의도를 무산시켰다. BC 529년 진은 맹주의 지위로 평구라는 곳에서 각 나라 제후와 회맹(會盟)의 의식을 치렀다. 정나라 대표로 참석했던 자산은 『주례』를 근거로 정나라의 회비 분담액이 크다는 점을 호소했다. "회맹의 목적은 소국의 생존을 유지하기 위함인데, 회비 부담이 너무 크면 소국들은 자멸할 것이고 이는 회맹의 큰 뜻에 어긋난다"는 논리로 집요하게 물고 늘어지자, 맹주인 진은 체면을 고려해 양보할 수밖에 없었다. 이처럼 자산은 국익에 바탕한 실리 외교와 진·초 간 균형 외교를 통해 생존과 번영을 도모했고 정나라를 강소국으로 발돋움시켰다.

  자산의 외교 전략을 '고슴도치 전략'이라 부른다. 고슴도치는 가시방패 갑옷 하나를 무기로 한 방어적 싸움으로 생존을 도모한다. 자산은 고슴도치 전략으로 정나라를 고래 싸움에 낀 새우의 위치에서 진·초 양국이 서로 구애하는 대상으로 바꿔 놓았다. 정나라 위상이 이렇게 바뀐 데는 자강(自强)의 노력을 통해 힘을 키운 정나라를 진·초 양국이 쉽사리 굴복시킬 수 없었기 때문이었다.

  한국도 정나라처럼 언제든 강대국 틈바구니에 끼어 고단한 처지가 될 수 있는 지정학적 환경에 놓여 있다. 하지만 반대로 주변 강대국이 서로 한국에게 구애 노력을 벌이도록 만들 수도 있다. 미중, 중일 간 경쟁과 갈등이 벌어지면 한국의 전략적 가치가 높아진다. 미국에게 한국은 끌어안아야 할 동맹이고, 일본에게는 미일 동맹의 하위 파트너로서 협력을 구해야 할 상대이다. 중국에게는 적대 관계에 있는 미일의 편에 서지 않도록 관리해야 할 대상이다.

관건은 고슴도치처럼 가시방패 갑옷이 있어야 한다는 것이다. 주변 강대국이 위협을 통해 손쉽게 굴복시킬 수 없다는 점을 인식해야만 비로소 한국을 협력 파트너로서 진지하게 대할 것이기 때문이다. 부단한 자강의 노력이 필요하다. 남북한이 화해하고 교류 협력하는 것은 자강하는 길일 뿐만 아니라 우리 민족의 생존과 번영 전략의 기본이다.[10]

| 주 |

1장

1 「한겨레신문」, 2016년 1월 13일.
2 「한겨레신문」, 2021년 3월 22일.

2장

1 박찬수 칼럼, "그러면 '미국 약속'은 믿을 수 있나", 「한겨레신문」, 2018년 5월 30일.
2 김정은, "김일성 대원수님 탄생 100돐 경축 열병식에서 한 연설", 「노동신문」, 2012년 4월 16일.
3 김여정 조선노동당 중앙위원회 제1부부장 담화, 조선중앙통신, 2020년 7월 10일.
4 「노동신문」, "조선로동당 제8차 대회에서 하신 경애하는 김정은 동지의 보고에 대하여", 2021년 1월 9일.
5 kostat.go.kr, 국가통계포털 통계표, "국민총소득 및 경제성장률", 2021년 5월 1일.
6 문정인, "바이든 대북 정책에 대한 기대와 우려", 「한겨레신문」, 2021년 2월 22일.
7 The National Security Strategy of the United States of America, September 2002, The White House, https://www.state.gov/documents/organization/63562.pdf.
8 문정인 인터뷰, 「경향신문」, 2021년 3월 20일.
9 백장현, "바이든 행정부 출범과 북미 협상", 「고양신문」, 2020년 11월 12일.
10 백장현, "중재자", 「고양신문」, 2019년 4월 20일.
11 정세현, "북핵 정보의 진실, 그것이 알고 싶다", 「한겨레신문」 2014년 11월 30일.

12 「경향신문」, "스톡홀름국제평화연구소 자료", 2013년 3월 18일.
13 백장현, "아베의 의도와 우리의 대응", 「고양신문」, 2019년 8월 10일.
14 백장현, "지소미아 국제 정치", 「고양신문」, 2019년 9월 7일.

3장

1 「중앙일보」, 2021년 3월 7일, '박용한의 배틀 그라운드'.
2 「VOA 뉴스」, 2016년 3월 30일.
3 「New Daily」, 2020년 12월 24일.

4장

1 백장현, "미국에게 한국은 무엇인가" 「고양신문」, 2021년 3월 18일.
2 『위키백과』, ko.wikipedia.org, "전시작전통제권", 2021년 5월 1일.
3 www. unikorea,go.kr, "이산가족 현황", 2016년 2월 9일.
4 www. unikorea,go.kr, "이산가족 현황", 2021년 4월 21일.
5 정세현, "대북 영향력 제로시대, 북 민심 잃으면 통일은 없다", 「프레시안」, 2009년 12월 1일.
6 백장현, "온전한 해방", 「고양신문」, 2019년 8월 26일.
7 「조선일보」, 2010년 8월 16일.
8 백장현, "1972년 서독 기민당 총선 참패의 교훈", 「고양신문」, 2020년 4월 16일.
9 백장현, "정쟁의 도구가 된 외교 현안", 「고양신문」, 2019년 5월 30일.
10 백장현, "한미 동맹 논란을 보며 자산을 생각한다" 「고양신문」, 2020년 9월 10일.

30개 불음으로 몽고 탐구하니
유쾌 희망

펴낸이가 2021년 10월 13일 찍찍교 이장부교장 이기일 조고
인쇄일   2021년 10월 15일 초판 1쇄 발행
         2021년 11월 10일 초판 2쇄 발행

지은이   배장영
펴낸이   강수길

펴낸곳   기독학동아일학출판소
주소   경기도 과주시 탄현면 성동로 111
전화   031-941-6238
팩스   031-941-6237
전자우편   publ-cinap@hanmail.net
등록   제406-2018-000071 (2018년 6월 18일)

ISBN 979-11-92063-00-3(03340)

ⓒ 배장영 2021

* 이 책 내용의 전부 또는 일부를 재사용하려면 반드시 저작권자
  기독학동아일학출판소 양측의 동의를 받아야 합니다.
* 잘못된 인쇄지는 표지시에 표시되어 있습니다.

최용호, "1994, 풍비박산 평양과 한때." 『우리들의 현대 침묵사』. 해냄, 2006.
홍용기, "탈냉전 동북아 군비군축과 한반도 평화체제 비교." 『이제 곧에 남북체제이다』. 종싶, 2001.

2. 단행본

국방부, 『2018 국방백서』.
김태호, 『김태호 자서전 2』. 도서출판 창인, 2010.
김동호, 『미중을 사랑하지는 김정일 정고』. 평양출판사, 2006.
김영삼, 『김영삼 천국』. 북이나노트, 2016.
김창순, 『북한 동일과 둘째 과제』. 도서출판 한동, 1991.
고봉준, 『자결김 외세계침립』. 메디지미디어, 2013.
문용린 외 공저, 이승철 옮김, 도시출판 김신, 2003.
백창일, 『동일꼬마아 가는 길』. 세계, 2016.
서기용, 『동일의 동반 수 개의 길고』. 한국과학문화, 2010.
시학용, 『한일공동성명강』. 도서출판 한동, 2006.
양동구, 『동일정책론』 제26집 제2호. 동일연구원, 2017.
임동원, 『피으메이커』. 중앙북스, 2008.
자크 아틀리, 김용채 옮김, 『미테랑 평전』. 뭐스, 2006.
지크프리드 헬, 이실수 옮김, 『미국 외교의 최강시』. 메디지미디어, 2015.
홍수 코헨, 이호재·양태영 옮김, 『국가 동일의 정치 1』. 강정사, 2014.

3. 정기간행물

스톡홀름국제평화연구소, 『SIPRI YEAR BOOK 2020』.
정부고 이창부고고 민주평화통일일원. 『평화의 길』.

참고문헌

1. 국문

김정희, "친일반민족 소추의 공소시효에 대한 이론적 고찰 성정 모색", 『경기·정부 연구』 제12권 1호, 2009.

감수영, "일본 중심의 세계질서 흐름과 한반도 인식", 『한일 인식 개선 이행을 할 것인가』, 도서출판 청동, 2010.

강진철, "북한의 체제 위기와 대응 전략: 개혁과 성공의 내면", 동국대학교 박사학위 논문, 2008.

배정일, "국제사회의 북한 주의 인권 정책", 『한반도 인권과 경제 정책』, 기독교 동북아평화연구소 세미나 자료집, 2021년 5월 20일.

배정일, "6·15시대 미국의 대북 정책 동향", 『기독교평화연구』 01, 기독교평화연구소, 2018.

배정일, "북한의 체제 개혁에 대한 정치경제 학적 분석", 『기독교 학회』, 2017, 가을 제20호, 평화연구소, 2017.

변진석, "북한 공개 해결의 길", 『KINF 통일+』 2015년 봄호, 통일연구원, 2015.

윤영관 외, "조선인사회주의 연구인 공동체 관인지사회 혁명인지정치 통일연구원", 『조선민주주의인민공화국 인민기독교사회연합 민주개혁』, 동일연구원, 2014.

한기호, "통일 신앙을 어떻게 하는가", 『신학과학연구』, 제19집 2호, 총신대학교 신학과학원, 2002.

이남숙, "종교에서 인권 가치가 제시한 가치", "학생 인권, 어떻게 할 것인가", 도서출판 청동, 2010.

이 시, "통일이 국가적 대응하는 나의 시각", 『KDI 북한경제리뷰』, 2017년 5월호.

최제성, "한국의 통일교육 정리 동향", 『기독교가정적 통일교의 모색』, 기독교 동북아평화연구소, 2014.

최제일, "대북 영성적 체크시리, 북한 인권 영향력 영향은 없다", 「프리시안」, 「이사설문」: 개성공단 전체 및 과제, 『제2 개성공단 국정등 성장 프로젝트 추진 정책토론회 자료집』, 2015년 12월 14일.